Sepp J. Woelker

WeinLesen

Das poetische Brevier des guten Weins

Sepp J. Woelker

WeinLesen

Das poetische Brevier des guten Weins

Verlag Christian Brandstätter
Wien – München

Die Deutsche Bibliothek - CIP-Einheitsaufnahme
***WeinLesen** : das poetische Brevier des guten Weins / Sepp J. Woelker (Hg.). -*
Wien ; München : Brandstätter, 1999
ISBN 3-85447-701-5

1. Auflage 1999
Der Entwurf des Schutzumschlags, die graphische Gestaltung des Werkes und die technische Betreuung stammen von Alexander Rendi; das Lektorat besorgte Martina Paul. Die Reproduktion der Abbildungen erfolgte bei Pixelstorm, Wien, der Druck bei Remaprint, Wien.

Gesetzt wurde aus der Walbaum und der Frutiger Light.

Wir danken für nachstehende Abruckgenehmigungen:
Hans Arp, ohne Titel, aus: Hans Arp, Gesammelte Gedichte, Bd. 2, Wiesbaden 1974, © Stiftung Hans Arp und Sophie Taeuber-Arp e. V., Rolandseck; Bertolt Brecht, Gesammelte Werke, © Suhrkamp Verlag, Frankfurt am Main,1967; Georg Britting, Sämtliche Werke, Bd. 4, © List Verlag München 1996; Paul Celan, Von Schwelle zu Schwelle, © 1955 Deutsche Verlagsanstalt GmbH., Stuttgart; Erich Fried, © 1984 Claassen Verlag, Düsseldorf; Günter Bruno Fuchs, aus: Werke in drei Bänden. Hrsg. v. Wilfried Ihrig, © 1990–1995 Carl Hanser Verlag, München–Wien; Hugo von Hofmannsthal, „Die Beiden", aus: Gedichte und kleine Dramen. © Insel Verlag Frankfurt am Main; Oskar Loerke, Die Gedichte, © Suhrkamp Verlag, Frankfurt am Main, 1983; Jürgen Theobaldy, Lied zum Wein, aus: Drinks. Gedichte aus Rom, © 1979 Verlag Das Wunderhorn; Josef Weinheber, aus: Sämtliche Werke, Bde. II,III © Otto Müller Verlag, Salzburg 1953f.; Franz Werfel, Gesammelte Werke. Das lyrische Werk. Hrsg. von A. D. Klarmann, © S. Fischer Verlag GmbH., Frankfurt am Main, 1967; Carl Zuckmayer, Gedichte, © S. Fischer Verlag GmbH., Frankfurt am Main, 1977

ISBN 3-85447-701-5
Christian Brandstätter Verlagsgesellschaft m. b. H.
A-1010 Wien, Schwarzenbergstraße 5
Telephon (+43-1) 514 05-233, Telefax (+43-1) 514 05-231

INHALT

Finis – win üs.

WIDMUNG

Du bist auf immer geborgen,
Das nimmt dir niemand wieder:
Zwei Freunde, ohne Sorgen,
Weinbecher, Büchlein Lieder.

Johann Wolfgang von Goethe

Vorwort

In diesem Buch ist vom Wein die Rede, nur vom Wein. Doch nicht in der subtilen Terminologie der Weinverkoster und auch nicht im professionellen Jargon der Händler. Hier ist nicht die Rede von Herstellern, von besonderen Jahrgängen und seltenen Lagen. Und dennoch ist nur die Rede vom Wein.

Was Sie in Händen halten, ist deshalb ein besonderes Brevier. Es ist meine poetische Auslese des guten Weines. Ein Band randvoll mit geschmackvollen Gedichten, die Ihre literarischen Lüste und Ihre genüßlichen Gaumenfreuden anstacheln sollen. Denn hier ist die Rede vom Gedicht. Und im Gedicht vom Wein. Wer aber den Wein in Gedichten besingt, beweint, belacht, verflucht und aufs Neue besingt, ist stets einem Wunder auf der Spur.

Denn der Wein ist ein Wunder. Und das Gedicht sein poetisches Paradies, aus dem er nicht vertrieben werden kann. Glücklicherweise offenbart sich dieses Wunder nicht nur den Gläubigen, wenngleich diese es nachgerade als Gnade des göttlichen Wunderstifters selbst ansehen mögen, wenn Ihnen – Schluck für Schluck – die Erlösung Ihrer Zungen geschenkt wird. Nein, auch dionysisch-verschmitzten Zungenlumpen, ja selbst gottlos-schnöden Nasennetzern, allesamt fröhliche Sänger der profanen Trunkenlitanei, enthüllt sich des Weines Wirkung in wundersamer Weise. Erst recht poetisch. Im Gedicht des Weines. Ist nicht der Wein der Poeten heiliger Geist? Heilger Geist, der erleuchtet?

Auch Skeptiker, für die Wein unter den Getränken das nützlichste, unter den Arzneien die schmackhafteste und unter den Nahrungsmitteln das angenehmste ist, müssen erkennen, daß Wein weit mehr ist als bloß vergorener Traubensaft. Wir spüren es: Wein ist ein geistliches und weltliches Wunder, in dem sich Traum und Rausch zur letzten erhabenen Weisheit vermählen. Und da sollten wir nicht spüren, daß Wein auch ein poetisches Wunder sein kann?
Die hier versammelten Gedichte geben darüber

Auskunft. In verschiedener Weise dringen sie immer wieder zur selben Mitte vor: zum Bild des Weines.

Ich lade Sie herzlich ein, mit den handverlesenen Gedichten deutscher Sprache die Trockenheit der Kehle (und der Seele) etwas lustwärts zu kehren. Weinwärts nämlich. Der überschäumende Zauber des Weines und seine seelenwürzenden Ingredienzien verbinden sich mit dem gelungenen Wort des Dichters zu genußvollem Schwelgen, zu spöttischer Einsicht oder zu ganz besonderen Melancholien. Sogar neue Einsichten zum Alten Testament können (bei Lessing) die Folge sein:

Sein Glück für einen Apfel geben,
O Adam, welche Lüsternheit!
Statt Deiner hätt' ich sollen leben
So wär' das Paradies noch heut –

Wie aber, wenn alsdann die Traube
die Probefrucht gewesen wär'?
Wie da mein Freund?
Ei nun ich glaube –
Das Paradies wär' auch nicht mehr.

Vielleicht. Jedenfalls war es das Essen, nicht das Trinken, was uns um's Paradies brachte …
Verkosten Sie die poetischen Zungenlöser; schlimme Folgen wird es keine haben. Im Gegenteil. Blättern Sie, vor und zurück, und trinken Sie, heute und morgen, und Sie finden sicherlich das Gedicht, das Sie mit Freude leise oder mit Freunden laut lesen wollen. Denn wer wollte nicht mit einem Schluck Wein und einem Gedicht seiner inneren Phantasierade etwas Geistiges aufgießen? Ein rascherer Schwung der Ideen, eine größere Behaglichkeit des Leibes und eine unbeschwerte Fröhlichkeit der Seele stellen sich unweigerlich ein. Und leere Flaschen. Lassen Sie es sich also wohl sein. Mit dem Buch und dem Wein; mit dem Besonderen des Poetischen und dem Gewächs des Extraordinarii.

Sepp Woelker

Das Wollen zum Vers

Einem jeden Menschen gibt
die Natur das Seine.
Wenn ich dichte, trinke ich
nur vom guten Weine,
Aus dem Faß des Schankwirts nur
von der reinsten Sorte.
Solcher Wein bringt mir hervor
Überfluß der Worte.

Archipoeta

Der Wille zum Wein

WEIN-CONSTITUTION

Wo ist der Wein von gestern hin?
Wir tranken ihn, wir tranken ihn!
Wo aber ist der Wein von heut?
Er steht zum Trinken vor euch, Leut!
Und wo denn die Weine für morgen?
In Kufen geborgen! In Kufen geborgen!
Lebt wohl, ihr getrunkenen Weine!
Euch lobt in der Gruft die Gemeine!
Herauf, Ihr Starken aus der Kufe,
Auf, folget unserm Jubelrufe!
Heil Euch, Ihr Thätgen in den Fässern,
Glüht, um Euch für uns zu bessern!
Uns drücken keine Sorgen,
Glückseliger Verein!
Denn gestern, heut und morgen
Entzückt uns Wein, ja Wein!

Friedrich Haug

STÖPSELZIEHER

Wenn es keine Flaschen gäbe,
Würden keine Stöpsel sein,
Und wie einst dem Zeus die Hebe
So kredenzt ich dir den Wein.

Aber leider wird gezogen
Jetzt auf Flaschen nur der Wein,
Und wie einen Demagogen
Sperret man den Edlen ein.

Und ein Stöpsel hält die Wache
Wie ein Scherge Tag und Nacht,
Und er sitzt ihm auf dem Dache,
Daß er sich nicht mausig macht.

Doch dein Rächer ist vorhanden,
Nur Geduld, du edler Wein!
Und er wird aus deinen Banden
Dich zu rechter Zeit befrein.

Und wie heißt der brave Rächer,
Der den Wein befreien kann?
Oh, ihr wißt es, frohe Zecher,
Stöpselzieher heißt der Mann.

Stöpselzieher! hoch erheben
Laßt uns ihn bei Sang und Wein:
Alle, alle sollen leben,
Stöpselzieher groß und klein!

Und ein jeder Hauswirt denke
Heuer und zu jeder Frist,
Daß kein ordentlich Getränke
Ohne Stöpselzieher ist.

A. H. Hoffmann von Fallersleben

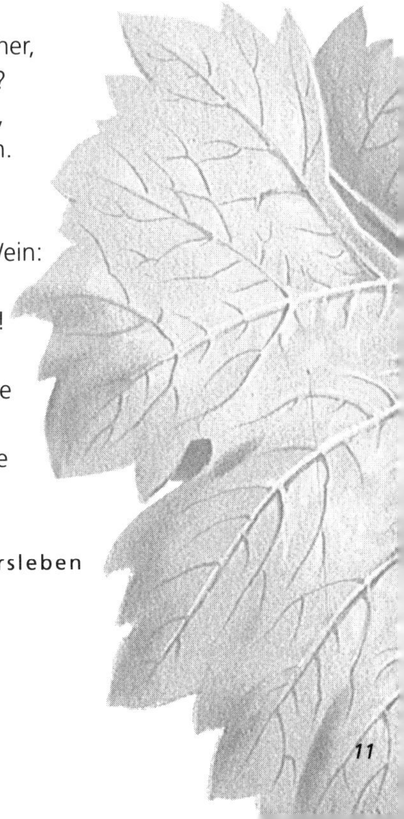

23/6.

Erstes Fass

Das Wesen des Weins

Vinum bonum et suave,
Bonis bonum, pravis prave,
Cunctis dulcis sapor, ave,
Mundana leticia!

Wein der liebliche und rechte,
Gut für Gute, schlecht für Schlechte,
Schmeckte jedem süß, der zechte –
Heil dir, Wonne aller Welt!

Im Wein birgt sich viel

Im Wein
Birgt sich viel:
Spiel,
Schwermut und Lust.

Aber du mußt,
Ohne Ziel,
Dich ihm ergeben,
Nichts wollen
Und ganz ohne Verlangen sein.

Es sollen
Schon Weise auf leisen
Sohlen
Verstohlen mit ihm in den Himmel
gegangen sein.

Georg Britting

Die drei Reiche der Natur

Ich trink', und trinkend fällt mir bei,
Warum Naturreich dreifach sei.
Die Tier' und Menschen trinken, lieben,
Ein jegliches nach seinen Trieben:
Delphin und Adler, Floh und Hund
Empfindet Lieb', und netzt den Mund.
Was also trinkt und lieben kann,
Wird in das erste Reich getan.

Die Pflanze macht das zweite Reich,
Dem ersten nicht an Güte gleich:
Sie liebet nicht, doch kann sie trinken;
Wenn Wolken träufelnd niedersinken,
So trinkt die Zeder und der Klee,
Der Weinstock und die Aloe.
Drum, was nicht liebt, doch trinken kann,
Wird in das zweite Reich getan.

Das Steinreich macht das dritte Reich;
Und hier sind Sand und Demant gleich:
Kein Stein fühlt Durst und zarte Triebe,
Er wächset ohne Trunk und Liebe.
Drum, was nicht liebt noch trinken kann,
Wird in das letzte Reich getan.
Denn ohne Lieb' und ohne Wein,
Sprich, Mensch, was bleibst du noch? – – Ein Stein.

Gotthold Ephraim Lessing

Vor dem Wein

Dunkler, heiliger Wein!
Sieh, ich dürfte dich trinken,
Doch in dein mystisches Blinken
Schau ich mit Andacht hinein.

O wie schauerts mich an,
All dies Quellen und Weben,
Das zum glühendsten Leben
Wecken und steigern mich kann!

Das bist du, o Natur,
Deiner gewaltigsten Kräfte,
Deiner verborgensten Säfte
Überfließende Spur.

Wein, ich trinke dich! Bald
Wirbeln nun Stürme und Fluten,
Blitze und mildere Gluten
Mir durch die Brust mit Gewalt.

Friedrich Hebbel

An der Mosel

Ich glaubt, ich wär im fremden Lande,
Und hörte nur den fremden Laut,
Da heißt mich alles froh willkommen
Und tut so freundlich und vertraut.

Ich bette mich auf grünem Rasen
Und lieg an diesen Baum gelehnt,
Und alles kommt wie hergezaubert,
Wonach mein Herze sich gesehnt.

Ich war so krank und bin genesen,
Ich war so schwach und bin gesund;
Der Frühling tut mir alle Freuden
Des alten Lebens wieder kund.

Ich schlürfe mit dem jungen Weine
Die älteste Erinnerung,
Das Lüftchen aus den Blütenbäumen
Weht meine Wangen frisch und jung.

Und dieser Menge buntes Treiben
Wird mir ein wohlbekannter Klang,
Und der Gesang der jungen Freunde
Tönt mir wie alter Freunde Sang.

A. H. Hoffmann von Fallersleben

Viererley Eigenschaften des Weins

Nachdem die Süntflut war vergangen,
Da hat Herr Noah angefangen,
Von aller erst zu pflanzen Wein,
Nun wollt die Erd unfruchtbar sein,
Da fand Noah der Alt den List,
Daß er die Erd dünget mit Mist,
Also düngt er nochmals die Erd,
Und erwischt auch ohn Gefährd'
Den Mist von den viererley Tieren,
Die umliefen in den Revieren,

Nämlich nahm er den Mist von Schafen,
Von Bären, Säuen und von Affen,
Damit er dünget sein Weinberg,
Nach der Länge und überzwerg.
Und als der Wein nun zeitig war,
Hätte er dieser vier Tiere Art,
Damit er Noah selber quält,
Diese vier Art er noch behält.
Erstlich so ein Sanguinicus,
Der von der Luft hat sein Einfluß,
Den Wein trinkt über die Misur,
In dem wirkt des Lammes Natur.
Zum andern, hat aus Einfluß Steuer
Colericus die Art vom Feuer,
So der zuviel Wein henkt in Schopf,
Bald steiget ihm die Hitz in Kopf,
Und wird ganz grimmig wie ein Bär,
Zu hadern rasch steht sein Begehr.
Zum dritten, so mit Überfluß,
Wein trinket der Flegmaticus,
Der von Wasser hat sein Natur,
So gewinnt er ein Sau Natur,
Wann ihm der Wein aufbläht sein Wampen,
So will er noch mehr fressen, schlampen,
Mit Zutrinken ist ihm auch wohl,
Bis er wird trunken und stüd voll.
Der Melancholicus zum vierten,
Hat der Erden Natur mit Gierden,
So der Wein trinkt ungeschaffen,
Übt er in ihm die Art des Affen,
So ihm der Wein steigt in das Hirn,
So tut er nichts denn phantasiern.
Darum ein Biedermann sich soll
Vor zuviel Weins je hüten wohl,
Daß ihm daraus kein Unglück wachs,
Den Rat gibt von Nürnberg Hans Sachs.

Hans Sachs

Im Herbste, wann die Trauben glühn
Und froh die Keltern schallen,
Da hebt der Sinn mir an zu blühn,
Das Blut mir an zu wallen.

Es treibt das Herz mich hin und her,
Und zuckt wie eine Flamme;
Verleugnen kann ich's nimmermehr,
Daß ich von Winzern stamme.

Denn kam ich auch am Ostseestrand
Das Licht der Welt zu suchen;
Mein Stammhaus steht im Frankenland
Im Dorf zu Wachenbuchen.

Da lauscht aus Rebenlaub hervor
Das Zeichen der Familie,
Auf hellem Schild hoch überm Thor
Die rot und weiße Lilie.

Und ringsumher ist Weingebiet,
Und goldne Ströme rinnen,
Es klingt der Tanz, es schallt das Lied
Der ros'gen Winzerinnen.

Erst meinen Vater trieb sein Stern
Zur Hansastadt im Norden,
Wo er im Weinberg dann des Herrn
Ein rüst'ger Winzer worden.

Und wie mein Urahn Most geschenkt
Für durst'ger Wandrer Kehlen,
Hat er mit Gnadenwein getränkt
Die gottesdurst'gen Seelen.

Wohl zog sein hoher Geist auch mich
Auf ernste Lebensbahnen,
Doch stets, wann's herbstet, rühret sich
In mir das Blut der Ahnen.

Und Ruh noch Rast nicht hat mein Sinn,
Bis ich im Kreis der Zecher
Geküßt die schönste Winzerin,
Geleert den vollsten Becher.

Emanuel Geibel

Aus dem Schenkenbuch

Wein her! Wein, damit du es lernst,
Herz, geduldig zu harren;
Weil du schier mir brächest am Ernst
Gehn wir unter die Narren.

Weil zwei Schritte vor deiner Thür
Nichts vom Leben mehr dein ist,
Laß das Klügeln und forsche dafür,
Wo der feurigste Wein ist.

Schwärmen wollen wir eine Zeit
Bei den trunkensten Wirten;
Aber es liege das Schwert bereit
Unter dem Grün der Myrten.

Emanuel Geibel

Weingruss

Wein, Gott grüße dich, lieber Rebenknecht!
Du kommst mir im Winter und Sommer zurecht,
Denn du machst die Mönche und Pfaffen geil,
Daß sie oft ziehen am Narrenseil.
Du tröstest die Bauern in gewirkten Kitteln,
Du tröstest die Kranken in den Spitteln,
Du tröstest die Lahmen und die Blinden,
Wenn sie dich nur vollkommen finden.
Du tröstest auch jede Kindsbetterin,
Es sei denn, daß ihnen das Geld zerrinn,
Du tröstest alle Pilgrim auf den Wallwegen,
Und hilfst ihnen durch in Wind und Regen,
Du tröstest die Nonnen in den Klausen,
Darum will ich dich gern behausen,
Denn du bist mir ein lieber Gast.
Gar mancher hat weder Ruh noch Rast,
So lange bis er kommt zu dir,
Nun grüß dich Gott, geh her zu mir,
Denn all mein Trauern weicht von mir ab,
Wenn ich ein Viertelkännchenmaß von dir hab!

Unbekannt, 15. Jh.

Zweites Fass

Das Werden des Weins

Ave, felix creatura,
Quam produxit vitis pura!
Omnis mensa fit secura
In tua presencia.

Sei gegrüßt, beglücktes Wesen,
Du von Reben ausgelesen,
Läßt von Sorgen ganz genesen
Alle Tische, wo du weilst!

An den Wein

Du, den feurig der Gott weckte am herbstlichen Hang,
sieh, dein Sänger ergreift tiefen Blickes das Glas.
Ach, du schimmerst ihm wieder,
klar und aller Geheimnisse voll.

Wenn er jemals ein Glück bis zur Wurzel gefühlt,
war es glühend der Strom, welcher wie Sühneblut
sich dem seinen vermählte,
daß er dunkelster Nacht vergaß.

Sonst ein elender Mensch, dem das Leben den Fuß
auf den Nacken gesetzt, müde der Tat und des Worts,
war zum Spiel er den Winden
und dem Flug der Vögel zum Spott.

O daß du die Gewalt gibst der Seele zurück,
die einst den Jüngling gespornt, größer als groß zu sein,
mit den Wolken zu fliegen,
die kein Schatten der Erde schwärzt.

O daß du sein Gedicht, das ihm die Qual gebar,
näher zum Traum hinführst, näher dem zeugenden Quell,
und im Rausche vollendest
Eingang in das tönende Licht.

Dank dir! Dank dir und Preis! Der du den reifsten Sinn
dieser schwankenden Welt deinem Sänger enthüllst,
wenn er trunkenen Leibes
aus der Wirrnis flieht an des Gottes Herz.

Josef Weinheber

Die Macht des Weins

Ein Weiser sprach: ich möchte mich doch schämen,
Stets so vergnügt zu seyn;
Ich möchte doch, wie er, zu Herzen nehmen:
Was so viel Wunder prophezeyhn;
Ich möchte mich, wie er, doch grämen;
Weil Pest und Tod so viel Cometen dräun;
Da gab ich ihm von meinem Wein,
Da rieth er mir, ich möchte mich nicht schämen,
Stets so vergnügt zu seyn.

J. W. L. Gleim

Das Ahnenbild

Und am Hügel hinab, wo du den sonnigen
Boden ihnen gebaut, neigen und schwingen sich
Deine freudigen Reben,
Trunken, purpurner Trauben voll.

Aber unten im Haus ruhet, besorgt von dir,
Der gekelterte Wein. Teuer ist der dem Sohn,
Und er sparet zum Fest das
Alte, lautere Feuer sich.

Dann beim nächtlichen Mahl, wenn er, in Lust und Ernst,
Von Vergangenem viel, vieles von Künftigem
Mit den Freunden gesprochen,
Und der letzte Gesang noch hallt,

Hält er höher den Kelch, siehet dein Bild und spricht:
Deiner denken wir nun, dein, und so werd und bleib
Ihre Ehre des Hauses
Guten Genien, hier und sonst!

Und es tönen zum Dank hell die Kristalle dir;
Und die Mutter, sie reicht, heute zum erstenmal,
Daß es wisse vom Feste,
Auch dem Kinde von deinem Trunk.

Friedrich Hölderlin

Die Weinlese

Willkommen, Weinles, unsre Freude!
Sey ewig unser grosses Fest!
Wir jauchzen nach so langem Leide,
Weil Bacchus uns nicht gar verläst!
Du schenkst uns nun das Mark der Reben,
Den Greis und Jüngling zu erfreun.
Ja, ja ! nun mag ich wieder leben:
Denn was ist Leben ohne Wein?

Der Erdkreis drohte zu vergehen:
Denn, ach ! die Rebe stund betrübt.
Nun fließt ihr Necktar auf den Höhen,
Der allem neues Leben giebt.
Erfrorne Dichter, singt nun wieder!
Will keine Muse günstig seyn?
Lyäus lehret beßre Lieder:
Nichts macht so sinnreich, als der Wein.

Verschmachtend warf die matte Liebe
Den schlaffen Bogen in den Sand.
O Schade, wann sie frostig bliebe!
Du, Bacchus! giebst ihr neuen Brand.
Du hilfst ihr deine Freunde krönen:
Beqvem ist, deren Gattin seyn:
Sie küssen immer treue Schönen;
So überredend ist ihr Wein!

Ismenen qvält ein träger Gatte,
Der lange Nächte schlafen kann.
Weil Amor nicht geholfen hatte,
So ruft sie Vater Bacchum an.
Der Alte zecht, wird los und herzet,
Und schläft erst spät und küssend ein.
Daß der mit halber Jugend scherzet;
O Wunder! thut es nicht der Wein?

Ja, Wein kann alles möglich machen:
Dir, Wein, sey dieser Tag geweiht!
Es herrsche Scherz, Gesang und Lachen;
Man zech' aus frommer Dankbarkeit.
Was fehlt? Ihr Freunde, nur noch eines:
Den frohen Amor ladet ein.
Denn Amor ist ein Freund des Weines,
Und ohne Küsse schmeckt kein Wein.

Johann Peter Uz

Kelterspruch

Sunn, brinn!
Saft, rinn!
Baum und Spindel: Maisch, beginn!

Süß Naß,
fülls Faß,
klar zu Epiphanias!

Wilds Blut,
werd gut,
wann der Mai dich schmecken tut.

Fahr fein
kehlein,
daß wir in den Rosen sein.

Freund bind,
Feind mind,
bleib von Weib und Narr und Kind!

Klar sehn,
grad stehn,
weiter sollt die Lust nit gehn!

Würz! Frisch!
Fleisch, Fisch
fehl dazu auf keinem Tisch!

Brot mit,
macht quitt,
was der Christ am Kreuze litt.

Josef Weinheber

Winzerlied

Jetzt gewähr uns deine Güte,
Himmel, deinen Gnadenschein!
Laß doch die bescheidne Blüte
Unsers Rebenstocks gedeihn!

Laß du deine Sonnenstrahlen
Lauter lichte Engel sein,
Die auf Bergen wie in Talen
Jeder Blüte Schutz verleihn.

Freudig jede Traub einst bringet
Dir, o Himmel, ihren Dank;
Denn kein Menschenherz besinget
Würdig solchen Engelstrank.

A. H. Hoffmann von Fallersleben

Kelterlust

Schwarze Trauben erst in Körben
Bringen Jünglinge und Mädchen
Auf den Schultern hergetragen.
In die Kelter aber schütten
Jene sie sofort und lösen
Nun den Most, die Beeren tretend.
Hoch erschallt das Lob des Gottes,
Hoch in lauten Kelterliedern,
Während sie den jungen Bakchos
In der Tonne brausen sehen.
Und der Greis, wenn er ihn trinket,
Tanzet er auf wanken Füßen,
Daß die Silberlocken beben;
Und der junge, schöne Bursche
Überschleicht im Rausch ein Mädchen,
Das, dem schweren Schlummer weichend,
Seinen zarten Leib im Schatten
Grüner Blätter hingegossen,
Reizet es, die höchsten Rechte
Hymens keck vorauszunehmen.
Wollen Worte nichts verfangen,
Weiß er durch Gewalt zu siegen.
Denn zu wilden Taten lockt der
Trunkne Gott das junge Völkchen.

Eduard Mörike

Die Winzer

Sie herbsten den Wein ihrer Augen,
sie keltern alles Geweinte, auch dieses:
so will es die Nacht,
die Nacht, an die sie gelehnt sind, die Mauer,
so forderts der Stein,
der Stein, über den ihr Krückstock dahinspricht
ins Schweigen der Antwort –
ihr Krückstock, der einmal,
einmal im Herbst,
wenn das Jahr zum Tod schwillt, als Traube,
der einmal durchs Stumme hindurchspricht, hinab
in den Schacht des Erdachten.

Sie herbsten, sie keltern den Wein,
sie pressen die Zeit wie ihr Auge,
sie kellern das Sickernde ein, das Geweinte,
im Sonnengrab, das sie rüsten
mit nachtstarker Hand:
auf daß ein Mund danach dürste, später –
ein Spätmund, ähnlich dem ihren:
Blindem entgegengekrümmt und gelähmt –
ein Mund, zu dem der Trunk aus der Tiefe
   emporschäumt, indes
der Himmel hinabsteigt ins wächserne Meer,
um fernher als Lichtstumpf zu leuchten,
wenn endlich die Lippe sich feuchtet.

Paul Celan

Zur Weinlese

Wir sahn die Reben blühen
Im milden Frühlingshauch
Und sahn für unsre Mühen
Erblühn die Hoffnung auch.

Der Sommer tat das Seine,
Der Herbst hat es vollbracht
Mit warmem Sonnenscheine
Und kühlem Tau der Nacht.

Die Trauben sind gediehen,
Sind würzig, süß und klar.
Laßt uns zur Lese ziehen!
Was wir gehofft, ward wahr.

O Blick voll Wohlbehagen!
Wenn Beer an Beere glänzt,
Wenn wir zur Kelter tragen,
Was Freuden uns kredenzt.

A. H. Hoffmann von Fallersleben

Weinsegen

Heut atm ich mit den Sommerlüften
Die allerfeinsten Würzen ein,
Ich kenne dieses seltne Düften:
Heut blüht der echte Klosterwein.
Hier zog im Land die ersten Trauben
Zum ersten Liebesmahl der Abt,
Der mit dem teuern Christenglauben
Uns öde Heiden einst begabt.

Das Kloster, längst ist's schon verschwunden,
Zerstäubt mit Altar, Gruft und Chor,
Doch steigt in diesen Mittagsstunden –
So heißt's – der erste Abt empor.
Nicht will er zu der Lese kommen,
Wo wild die Kelter überschäumt,
Nein, wie sich ziemt für einen Frommen,
Wann mystisch süß die Blüte träumt.

Was dort? wer öffnet still das Gatter?
Berauscht die starke Würze mich?
Ein wallend blankes Rockgeflatter
Bewegt sich sacht und feierlich!
Es ist der Abt. Ich sehe bücken
Das edelgreise Haupt ihn dort,
Die frechen Nachbarskinder drücken
Sich schleunig durch die Hecke fort.

Er prüft genau die zarte Blüte,
Die jungen Schosse licht und grün,
Sein Angesicht ist voller Güte
Und voll von herzlichem Bemühn.
Hochwürden blickt so hell und heiter,
Dies Jahr gerät der Wein wie nie!
Er wandelt zu den Stufen weiter
Und geisterleicht ersteigt er sie.

Schon auf des Weinbergs Höhe schreitet
Er bei dem kleinen Winzerhaus.
Er setzt sich auf die Bank. Er breitet
Die Geisterhände mächtig aus.
Er segnet seine Klosterreben,
Sein eigen, vielgeliebtes Kind,
Uns Ketzer segnet er daneben,
Die seines Weinbergs Erben sind.

Conrad Ferdinand Meyer

Das Weinjahr

Rüstet die Kelter, die Kufen und Tonnen,
Denn es verglühet ein seltenes Jahr!
Schon naht der Herbst und es glastet die Sonne,
Wie sie geglastet den Sommer entlang!

[...]

Sehet! unbändig schwellen die Trauben
– Rüstet die Kelter und rüstet den Krug! –
Jegliche Beer eine sonnige Klause,
Drinnen ein Glutelf brauet die Flut!

[…]

Rüstet die Tonnen! Umfanget den starken
Reisigen Wein mit eisernem Band!
Männern zerbricht er den stämmigsten Nacken,
Stürzet sie jählings in Jammer und Qual!

Füllet die Krüge, doch trinket den Frieden,
Trinket das Licht, das dem Himmel entstrahlt!
Bindet die Herzen mit eisernem Willen,
Daß ihr entrinnet dem tödlichen Fall!

Gottfried Keller

Nun grüß dich Gott mein edler most
mein süsser most
mein ziperleter most
Herbei herbei zu disem süssen most
zu disem edlen most.

Trincken wöllenn wir disen most
geb was er kost
das vns der leib nit rost
Dann wer den kost
bewart er vor dem frost
mit seiner hitzen glost
diser küle most.

Dann diser most
ist vns ein kost
vnnd gůtter trost
wir werden dursts erlost
Farhin farhin
vff einen gůten gwin
on sunderlichen rost
so mit gůter post.

Unbekannt, ca. 1535

Wein und Brot

Solche Düfte sind mein Leben,
Die verscheuchen all mein Leid:
Blühen auf dem Berg die Reben,
Blüht im Tale das Getreid'.

Donnern werden bald die Tennen,
Bald die Mühlen rauschend gehn,
Und wenn die sich müde rennen,
Werden sich die Keltern drehn.

Gute Wirtin vieler Zecher!
So gefällt mir's, flink und frisch;
Kommst du mit dem Wein im Becher,
Liegt das Brot schon auf dem Tisch.

Ludwig Uhland

Oktober-Narr

Oktoberlicht! Oktoberbrand!
Oktobermond. Oktoberland.
Oktoberdunst. Oktoberstrahl.
Oktoberhimmels Frühopal!
Oktoberabends Rauchtopas.
Oktoberlaub. Oktobergras.
Oktobrisch leis, oktobrisch hold,
Oktobrisch rot, Oktobergold.
Oktoberschnee! Oktoberblau!
Oktoberweh. Oktoberfrau.
Oktober-Ruch. Oktober-Traum.
Oktoberfrucht. Oktoberflaum.
Oktoberschrei. Oktoberblut.
Oktoberhirsch. Oktoberwut.
Oktoberrausch! Oktoberflug!
Oktobermost! Oktoberkrug!
Oktoberton – Oktoberschwan –
Oktober-Gott! Oktober-Pan!!
Oktobertod. Oktoberflut.
Oktobersaat. Oktoberbrut.
Oktoberkeim. Oktoberkern.
Glanz, Strahl und Wunsch – Oktoberstern!

Carl Zuckmayer

Rheinweinlied

Bekränzt mit Laub den lieben vollen Becher,
Und trinkt ihn fröhlich leer.
In ganz Europia, Ihr Herren Zecher!
Ist solch ein Wein nicht mehr.

[...]

Ihn bringt das Vaterland aus seiner Fülle;
Wie wär er sonst so gut!
Wie wär er sonst so edel, wäre stille
Und doch voll Kraft und Mut!

Er wächst nicht überall im deutschen Reiche;
Und viele Berge, hört,
Sind, wie die weiland Kreter, faule Bäuche,
Und nicht der Stelle wert.

Thüringens Berge zum Exempel bringen
Gewächs sieht aus wie Wein;
Ist's aber nicht. Man kann dabei nicht singen,
Dabei nicht fröhlich sein.

Im Erzgebirge dürft Ihr auch nicht suchen,
Wenn Ihr Wein finden wollt.
Das bringt nur Silbererz und Koboldkuchen,
Und etwas Lausegold.

Der Blocksberg ist der lange Herr Philister,
Er macht nur Wind wie der;
Drum tanzen auch der Kuckuck und sein Küster
Auf ihm die Kreuz und Quer.

Am Rhein, am Rhein, da wachsen unsre Reben;
Gesegnet sei der Rhein!
Da wachsen sie am Ufer hin, und geben
Uns diesen Labewein.

So trinkt ihn denn, und laßt uns allewege
Uns freun und fröhlich sein!
Und wüßten wir wo jemand traurig läge,
Wir gäben ihm den Wein.

Matthias Claudius

Burgunderwein

Mag Claudius dich tadeln
Nur seinen Rheinwein adeln
Der mir den Hals verengt
Mag jeder Thuiskone
Verachten die Saone
Mit Trauben süßbehängt.

Will ich allein dich singen,
Für dich die Flügel schwingen
Vom hohen Helikon,
Wenn nur, der mich vergnüget,
Dein Becher nie versieget
Wie der des Oberon.

Wie leicht und wie so milde,
Von gallischem Gefilde
Entsprossen, gleitest du
In meine Liederkehle,
Und hauchest neue Seele
Mir Unmuthvollen zu.

Du machest mich nicht trunken,
Entflammst nur Schlummerfunken
In meiner Phantasie,
Als dein Gefährte gehet
Süßlächelnd Amor, wehet
Mir Lust zu spät und früh.

Die Sorgen treibt dein Lächeln
Machst Weste süßer fächeln
Und gibst mir holde Ruh
Machst meinen Leib gesunder;
Sieh herrlicher Burgunder,
Dies alles wirkest du!

Novalis

Grinzinger Weinsteig

Vom Schreiberweg geht es hinein.
Ein Hauserl steht mitten im Wein.
Der Mai war ein wenig zu kühl:
da sind halt die Reben noch klein.

Noch klein, aber gut fürs Gefühl.
Ich schau auf das Blättergewühl.
Vom Hollerbusch fächelt der Wind
hangauf ein Harmonikaspiel.

Hangab zwischen Linden beginnt
ein Zwiebelturm, goldener sind
die Häuser ins Grüne gestreut,
das zart in der Bläue verrinnt.

Es hat mich nicht immer gefreut.
Dort unten verdämmert das Leid.
Dort schwimmt mir ein silbernes Band,
das bindet gelinde ans Heut.

Du welliges, seliges Land,
du Blick, in die Sinne gebannt:
Noch ist es wie ehemals mein
und schön und im Blute verwandt.

Das Große läßt fremd und allein.
Am Ende doch tröstet der Wein.
Der Mai war ein wenig zu kühl –
da sind halt die Reben noch klein.

Josef Weinheber

Trinklied zum neuen Weine

Laßt uns heut mit Geistern ringen;
Blickt der Alte noch so klar,
Bringet jetzt den Neuen dar,
Der dem Kerker will entspringen!

Hört sein unterirdisch Beben!
Aus der Nacht will er hinaus,
Mächtig dringt sein Geist durchs Haus,
Daß wir stehn von ihm umgeben.

Horcht! der weiß von Jugendwonne
Noch zu singen euch ein Lied:
Wie er hat in Duft geblüht,
Wie ihn hat durchglüht die Sonne;

Wie von hohen Bergen nieder
Frei er sah die Welt entlang,
Unter ihm der Flußgott sang,
Um ihn tönten Vogellieder;

Wie mit Sonn' und Stern' im Bunde
Mählich seine Traube schwoll,
Bis sie war des Saftes voll;
Der von Geistern nun gibt Kunde.

Füllet mutig bis zum Rande
Den Pokal mit seiner Glut!
Stoßet an! Dem Jugendblut
Heil im weiten deutschen Lande!

Ach! es liegt erstarrt, veraltet
Mancher Völker großes Herz,
Jugendwärme, Lust und Scherz
Sind in ihrer Brust erkaltet.

Laßt der Jugend warmes Leben
Strömen euch ins Herz hinein.
Trinkt in Lust den neuen Wein,
Den der neue Stern gegeben!

Justinus Kerner

Punschlied

Im Norden zu singen

Auf der Berge freien Höhen,
In der Mittagsonne Schein,
An des warmen Strahles Kräften
Zeugt Natur den goldnen Wein.

Und noch niemand hats erkundet,
Wie die große Mutter schafft;
Unergründlich ist das Wirken,
Unerforschlich ist die Kraft.

Funkelnd wie ein Sohn der Sonne,
Wie des Lichtes Feuerquell,
Springt er perlend aus der Tonne
Purpurn und kristallenhell.

Und erfreuet alle Sinnen,
Und in jede bange Brust
Gießt er ein balsamisch Hoffen
Und des Lebens neue Lust.

[...]

Friedrich Schiller

Feurig auf seinem Horst
Sprudelt der Wein von Forst,
Kallstadt schenkt Blut;
Frauenmilch Deidesheim,
Grävenhaus Honigseim,
Ruppertsberg Götterwein,
Gott segne ihn!

Dürkheim schöpft Neckarsaft,
Mark und Bein füllt mit Kraft
Herxheimer Öl;
Ungstein erweckt vom Tod,
Und wenn euch Gram bedroht,
Greift rasch zum Trost von Rhodt,
Gott segne ihn!

Narrenberg züngelt gern,
Süß schmeckt beim Freudenstern
Speyerer Gift;
Schalkhaft vom heitern Glan
Winkt uns St. Julian,
Auf, stoßt die Gläser an,
Gott segne ihn!

Eisen zwar bricht die Zeit,
Doch gibt sie Festigkeit
Dem Lagerwein;
Ruhet sanft Bockenheim,
Grünstadt und Asselheim,
Einst sollt ihr uns erfreun;
Gott segne ihn!

Unbekannt, 1824

Labsal des Alters

Weißer Wein, der unruhig übers Glas drängt,
Perlend wie der Wortschwall der Mädchen, wenn sie
Aug in Auge mit dem Ersehnten ihre
Liebe verbergen,

Honigfarbner, koboldisch glühend, wenn der
Taumel rast bei Hochzeit und Taufe, mondschein-
Gelber, zart und voll von Empfindung wie der
Vers eines Dichters,

Und der grüne, Hoffnungen weckend, grün wie
Morgenduft des kommenden Freudentages,
Ist der rechte Trunk für die Jugend, für die
Glänzenden Männer.

[...]

Georg Britting

491
426 C
497
426 B
ZOLLFASS

Der rote Wein

Stumm, stumm
Blickt er tigeräugig
Her,
In purpurner Tücke
Blinzelnd.

Neige das Glas,
So glimmt aus der Tiefe
Das Rot
Vom Rachen der Katze,
Und eine Zunge,
Naß und glühend,
Spielt am Glasrand,
Wie die Katzenmutter
Das helle Junge
Schmeichelnd leckt.

Hätte er Stimme,
Der Stumme,
Er schnurrte
In zärtlicher, träger,
Mordgieriger Wollust.

Was willst du sagen,
Tigerblick?
Das Zicklein am Strick
Mag vor dir zagen –
Nicht der Jäger!

Georg Britting

Die Gewissheit

Ob ich morgen leben werde,
Weiß ich freilich nicht:
Aber, wenn ich morgen lebe,
Daß ich morgen trinken werde,
Weiß ich ganz gewiß.

Gotthold Ephraim Lessing

DRITTES FASS

DAS WIRKEN DES WEINS

Ave, color vini clari,
Ave, sapor sine pari!
Tua nos inebriari
Digneris potencia!

Heil der Farbe, klar im Weine,
Dem Geschmack in dir alleine!
Laß durch deine Macht, durch deine
Gnade uns jetzt trunken sein!

Der Geschmack

Mag die Schüssel denn stehn; schmückte sie auch das Reh,
In der Blüte gefällt, schmückte der Weizner sie
Oder selber die Schmerle,
Jener Liebling des Kieselbachs.

Doch des hellen Pokals helleres, ah den Saft,
Welchen Berg mir, und Tal, Winzer, und Kelterer
Geben, wie er mir rötlich,
Oder wie er mir golden blinkt,

Trink ich, schlürf ich mit Lust, liebend, mit Mäßigung,
Zwar mit weiser, doch nicht mit der platonischen:
Evan bleibet mir sanfter
Jüngling, hebt nicht den Rebenstab.

Durch mich sprachest du einst, Trinker Anakreon,
Bildlich, da du von dem sprachest, was schön dir war:
Aber Male versanken;
Und dein attisches Wort verscholl.

Friedrich Gottlieb Klopstock

Der Wein ist weiß wie Schnee!
Der Wein ist rot wie Blut!
Trinkt! Trinkt! Und seid nicht bange!
Auf eines Kindes Wange
Könnt ihr die beiden Farben sehn
Im Frieden nebeneinander stehn!

Georg Britting

Weingruss

Nun grüßt dich Gott, du edeler Trank,
Frisch mir die Leber, sie ist krank,
Mit deinem gesunden heilsamen Tropfen,
Du kannst mir all meine Trauer verstopfen.
Selig sei der Häcker, der um dich hackt,
Selig sei der Leser, der dich abzwackt,
Und dich in ein Kübel legt.
Selig sei der, der dich in die Kelter trägt,
Selig sei der Büttner und die Hand,
Die dich mit Reifen ringsum band
Und dir da macht ein hölzern Haus;
Selig sei der, der dich rufet aus,
Selig sei der Wirt, der das Schenken erdacht;
Selig sei der Bot, der dich hergebracht,
Selig sei der, der dich eingeschenkt,
Unselig sei der, welcher so was erdenkt,
Daß man die Maß soll machen klein.
Nun behüt dich Gott vor dem Hagelstein
Und vor des kalten Reifes Frost,
Du Ganzlabung, du halbe Kost.
Nun müssen alle die selig sein,
Die da gern trinken Wein,
Gott müß ihnen allzeit Wein bescheren
Und Speise, auf daß sie den Leib ernähren,
Drum will ich der erste sein, der sich erfrecht
Und will einen Trunk wohl tun und recht.

Unbekannt, 15. Jh.

Ergo bibamus!

Hier sind wir versammelt zu löblichem Tun;
Drum, Brüderchen! Ergo bibamus!
Die Gläser, sie klingen, Gespräche, sie ruhn,
Beherziget Ergo bibamus!
Das heißt noch ein altes, ein tüchtiges Wort:
Es passet zum Ersten und passet so fort,
Und schallet ein Echo vom festlichen Ort,
Ein herrliches Ergo bibamus!

Ich hatte mein freundliches Liebchen gesehn,
Da dacht' ich mir: Ergo bibamus!
Und nahte mich freundlich; da ließ sie mich stehn.
Ich half mir und dachte: Bibamus!
Und wenn sie versöhnet euch herzet und küßt,
Und wenn ihr das Herzen und Küssen vermißt:
So bleibet nur, bis ihr was Besseres wißt,
Beim tröstlichen Ergo bibamus!

Mich ruft mein Geschick von den Freunden hinweg;
Ihr Redlichen! Ergo bibamus!
Ich scheide von hinnen mit leichtem Gepäck:
Drum doppeltes Ergo bibamus!
Und was auch der Filz von dem Leibe sich schmorgt,
So bleibt für den Heitern doch immer gesorgt,
Weil immer dem Frohen der Fröhliche borgt;
Drum, Brüderchen: Ergo bibamus!

Was sollen wir sagen zum heutigen Tag?
Ich dächte nur: Ergo bibamus!
Er ist nun einmal von besonderem Schlag;
Drum immer aufs neue: Bibamus!
Er führet die Freude durchs offene Tor,
Es glänzen die Wolken, es teilt sich der Flor,
Da scheint uns ein Bildchen, ein göttliches, vor;
Wir klingen und singen: Bibamus!

Johann Wolfgang von Goethe

Der alte und der junge Wein

Ihr Alten trinkt, euch jung und froh zu trinken:
Drum mag der junge Wein
Für euch, ihr Alten, sein.

Der Jüngling trinkt, sich alt und klug zu trinken:
Drum muß der alte Wein
Für mich, den Jüngling, sein.

Gotthold Ephraim Lessing

Wenn nämlich der Rebe Saft …

(Fragment)

Wenn nämlich der Rebe Saft,
Das milde Gewächs suchet Schatten
Und die Traube wächset unter dem kühlen
Gewölbe der Blätter,
Den Männern eine Stärke,
Wohl aber duftend den Jungfraun,
Und Bienen,
Wenn sie, vom Wohlgeruche
Des Frühlings trunken, der Geist
Der Sonne rühret, irren ihr nach
Die Getriebenen, wenn aber
Ein Strahl brennt, kehren sie
Mit Gesumm, vielahnend
darob
die Eiche rauschet,

Friedrich Hölderlin

Klingsohrs Lob des Weins

(Fassung der Handschrift)

Auf grünen Bergen wird geboren,
Der Gott, der uns in Himmel bringt.
Die Sonne hat ihn sich erkoren,
Daß sie mit Flammen ihn durchdringt.

Er wird im Lenz mit Lust empfangen,
Der zarte Schoß quillt sacht empor,
Und wenn des Herbstes Früchte prangen,
Springt auch das goldne Kind hervor.

Sie legen ihn in enge Wiegen
Ins unterirdische Geschoß.
Er träumt von Festen und von Siegen
Und baut sich manches luftge Schloß.

Es naht sich keiner seiner Kammer,
Wenn er sich ungeduldig drängt,
Und jedes Band und jede Klammer
Mit jugendlichen Kräften sprengt.

Denn unsichtbare Wächter stellen,
So lang er träumt, sich um ihn her;
Und wer betritt die heilgen Schwellen,
Den trifft ihr luftumwundner Speer.

So wie die Schwingen sich entfalten,
Läßt er die lichten Augen sehn,
Läßt seine Priester mit ihm schalten
Und kommt heraus, wenn sie ihm flehn.

Aus seiner Wiege dunkelm Schoße
Erscheint er im Kristallgewand;
Verschwiegner Eintracht volle Rose
Trägt er bedeutend in der Hand.

Und überall um ihn versammeln
Sich seine Jünger hocherfreut,
Und tausend frohe Zungen stammeln
Ihm ihre heiße Dankbarkeit.

Er sprützt in ungezählten Strahlen
Sein innres Leben in die Welt,
Die Liebe nippt aus seinen Schalen
Und bleibt ihm ewig zugesellt.

Er nahm als Geist der goldnen Zeiten
Von jeher sich des Dichters an,
Der immer seine Lieblichkeiten
In trunknen Liedern kundgetan.

Er gibt ihm, seine Treu zu ehren,
Ein Recht auf jeden süßen Mund,
Und daß es keine darf ihm wehren,
Macht Gott durch ihn es allen kund.

Novalis

Das erste Zechgelag

Er sitzt zum erstenmal –
Gebt acht, gebt acht! –
Vor dem Pokal –
Ob ihr ihn taumlig macht!
Das ist für ihn so viel,
Wie für die Maid
Der erste Kuß, der ihr fürs süße Spiel
Die Lippen weiht.

Er trinkt schon tapfer mit
Und wird schon rot!
Gleich übertritt
Der Knabe ein Gebot.
Paßt auf, er spitzt den Mund!
Gewiß, er tut
Uns seinen letzten Kirschendiebstahl kund
Und strahlt von Mut.

Wir sind beim dritten Glas!
Noch immer still?
Was ist denn das,
Daß er nicht plaudern will?
Kann er schon mehr vertraun?
Hat er verzagt
Schon zum Versuche hinterm Gartenzaun
Den Kuß gewagt?

Wir schenken wieder voll!
Nun winkt er mir!
Was ich wohl soll?
Nur zu! Ich horche dir! –
Er schlich sich heimlich her,
Denn als er bat,
Verbot die Mutter ihm das Zechen schwer:
Da ist die Tat!

Friedrich Hebbel

Trinklied

In die Berge fuhr mein Leib
einen Quell zu schlürfen.
Doch die Seele auch, sein Weib,
hegte ihr Bedürfen,
und verschrieb sich aus dem Ofen,
der Berlin ist im August
(da auch sie schwach auf der Brust)
Günthers Strophen.

O wie mundete ihr baß
diese helle Tränke!
Leib wie Seele, jedes saß
froh vor seiner Schänke.
Fried und Freud in beiden wohnt,
liebten sich wie Senn und Sennin,
lebten nie so herrlich denn in
diesem Mond ...

Listig so verbinde drum
Leib- und Seelenfreuden
und du wirst nicht finster-stumm
deinen Tag vergeuden.
Folg dem inn- und äußern Winke.
Hundert Quellen allezeit
sind zu stärken dich bereit:
Trinke, trinke!

Christian Morgenstern

Becherlied

Der Traube Saft behagt dem Mund,
Doch Müh erheischt der edle Wein,
Und blitzt des Bechers köstlich Rand:
Sein Silber will gegraben sein;
Dann harret erst noch auf das Erz
Des Schmiedes kunsterfahrne Hand;
So ähnlich reift des Mannes Herz
Entgegen seinem Vaterland.

So schwebt das Lied wie Glockensang
Durch heitre Sommerluft einher
Und kündet laut, daß winterlang
Dem Sänger keine Müh zu schwer.
Drum schafft, bis aus den Bechern blinkt
Der Männer Ehre, schön verklärt,
Und keiner mehr aus Silber trinkt,
Der nicht des Weins und Silbers wert!

Wie Glück und Glas so leicht zerbricht,
Nur etwas später, bricht das Erz,
Die Schale schmilzt – die Seele nicht,
Sie glüht, bewegend Herz um Herz.
Die höchsten Tempel stürzen ein,
Des Werkmanns reiche Hand verdorrt,
Verwildert stirbt am Berg der Wein –
Doch alles lebt im Liede fort.

Und wo sein ferner, goldner Ton
Aus Trümmern neue Völker hebt,
Blüht auch die neue Rebe schon
Und ihre Ranke spinnt und webt;
In Wäldern trinkt am Felsenquell
Das Hirtenkind aus hohler Hand,
Bis wieder bringt aus Bechern hell
Der Mann sein Hoch dem Vaterland!

Gottfried Keller

46
CAFF
LEPANTO
TE ESPRESSO

Weinlied

Oktober 1850

Auf den Bergen grünt die Freude,
Reift am goldnen Sonnenstrahl,
Kommt, gepflückt von Winzerhänden,
Heim zu uns ins stille Tal.

Und gepresset in der Kelter
Wird der Rebe süßer Saft
Und getan in Faß und Bande,
Daß er wachs an Glut und Kraft.

Und er schlummert süßen Schlummer
Manchen Tag und manche Nacht,
Bis er als ein Wonnespender
Aller Welt zum Heil erwacht.

Und aus seinem engen Hause
Dringt er wie ein guter Geist,
Den auf allen seinen Wegen
Jedes Herz willkommen heißt.

Sei gegrüßt, du Wonnespender!
Der du linderst unser Leid,
Dich in unsre Lieder mischest,
Liebe lehrst und Fröhlichkeit.

Ja, im Weine wohnt die Liebe,
Und im Weine wohnt die Lust,
Und im Weine wird das Leben
Sich des Lebens erst bewußt.

A. H. Hoffmann von Fallersleben

Die Abwechslung

Ich trinke nicht stets einen Wein.
Das möchte mir zu ekel sein.
Wein aus Burgund, Wein von der Mosel Strande,
Einheimschen Wein, Wein aus dem Frankenlande,
Die wechsl' ich täglich mit Bedacht,
Weil Wechseln alles süßer macht.

Und mich soll nur ein artig Kind,
Wenn mehrere zu finden sind,
Durch süßen Zwang gepriesner Liebe binden?
O, dies zählt ich mit unter meine Sünden.
Nein, nein, ich folge meinem Brauch,
Mit artgen Kindern wechsl' ich auch.

Gotthold Ephraim Lessing

Zechlied

Ich will einst, bei Ja und Nein!
Vor dem Zapfen sterben.
Alles, meinen Wein nur nicht,
Lass' ich frohen Erben,
Nach der letzten Ölung soll
Hefen noch mich färben.
Dann zertrümmre mein Pokal
In zehntausend Scherben!

Jedermann hat von Natur
Seine sondre Weise.
Mir gelinget jedes Werk
Nur nach Trank und Speise.
Speis' und Trank erhalten mich
In dem rechten Gleise.
Wer gut schmiert, der fährt auch gut,
Auf der Lebensreise.

Ich bin gar ein armer Wicht,
Bin die feigste Memme,
Halten Durst und Hungerqual
Mich in Angst und Klemme.
Schon ein Knäbchen schüttelt mich,
Was ich auch mich stemme.
Einem Riesen halt' ich Stand,
Wann ich zech' und schlemme.

Echter Wein ist echtes Öl
Zur Verstandeslampe;
Gibt der Seele Kraft und Schwung
Bis zum Sternenkampe.
Witz und Weisheit dunsten auf
Aus gefüllter Wampe.
Baß glückt Harfenspiel und Sang,
Wann ich brav schlampampe.

Nüchtern bin ich immerdar
Nur ein Harfenstümper.
Mir erlahmen Hand und Griff,
Welken Haupt und Wimper.
Wann der Wein in Himmelsklang
Wandelt mein Geklimper,
Sind Homer und Ossian
Gegen mich nur Stümper.

Nimmer hat durch meinen Mund
Hoher Geist gesungen,
Bis ich meinen lieben Bauch
Weidlich vollgeschlungen.
Wann mein Kapitolium
Bacchus Kraft erschwungen,
Sing' und red' ich wundersam
Gar in fremden Zungen.

D'rum will ich, bei Ja und Nein!
Vor dem Zapfen sterben.
Nach der letzten Ölung soll
Hefen noch mich färben.
Engelchöre weihen dann
Mich zum Nektarerben:
„Diesen Trinker gnade Gott!
Lass' ihn nicht verderben!"

Gottfried A. Bürger

Gute Stunde

Es zechen die Götter im hohen Olymp,
Wir sitzen auf grünendem Hügel;
In der Mitte zumal,
Zwischen Äther und Tal,
Da wachsen dem Herzen wohl Flügel.

Nun drücket den blühenden Kranz auf das Haupt
Und jauchzet: Es lebe das Leben!
Und den Göttern sei Heil,
Die so wonniglich Teil
Von Himmel und Erd uns gegeben!

Hemm keiner den pochenden Herzschlag der Brust,
Wir sitzen in heiliger Runde;
Blickt nicht vor, nicht zurück,
Denn das flüchtige Glück,
Es haftet ja nur an der Stunde.

Und so hebet die Becher ins Abendrot,
Gold haltet dem Golde entgegen;
Schlürft die selige Stund,
Doch mit lästerndem Mund
Nicht reizet das Schicksal verwegen.

Und so klinget die vollen Pokale an,
Doch weckt nicht die Götter vermessen;
Denn ihr Neid hat beim Mahl
Im olympischen Saal
Nur minutenlang uns vergessen!

Wilhelm Raabe

Der Wein

Du blinkst so hell und glänzend aus dem Becher,
Als wäre jeder Strahl in dir zerronnen,
Woraus du einst die Feuerkraft gewonnen,
Die glühend jetzt entgegenschäumt dem Zecher.

Ich aber säume, reizender Versprecher
Des Süßesten, und zähle all die Sonnen,
Die dich mit ihrem Netz von Licht umsponnen,
Bevor die Traube reif erschien dem Brecher.

Ich sehe ihn, von Nächten und von Tagen
Den reichen Zug, die, längst hinab gesunken,
Dir scheidend all ihr Köstlichstes gegeben.

Da möcht ich fast im Geist vor dir verzagen,
Kaum an den Lippen, bist du ausgetrunken:
Wie zahle ich den Preis für so viel Leben?

Friedrich Hebbel

Der Arzt hat mir verboten
vinum
Den weißen wie den roten
bonum
Doch wer tät solchen Schade
sibi
Ich sang im Säuglingsbade
bibi bibi bibi.

Bisweilen, daß sie kürze
potum
Macht mir ne schöne Schürze
motum
Doch acht ich und erspäh
alibi
Und als ob nichts geschähe
bibi bibi bibi.

Und wohlgement mein Weinchen
bibo
Und sag einst zu Freund Heinchen:
ibo
Warum ich nichts verwehre
tibi?
Hab Bett- und Grabesschwere
bibi bibi bibi.

Wilhelm Gerhard

Obstwein = Verkauf.
Märkische - Obstverwertung.
F. M. Möwes
Werder a/H

Viertes Fass

Die Wonnen des Weins

Supplicamus: hic abunda,
Per te mensa fit fecunda
Et nos cum voce iucunda
Deducamus gaudia!

Fließ in Fülle, wie wir flehen,
Laß zu Tisch dich reichlich sehen
Und mit frohen Stimmen gehen
Uns zu deinem Lobgesang!

Trinklied

Voll, voll, voll,
Freunde, macht euch voll!

Wein, Wein, Wein,
Freunde, schenkt ihn ein!
Küßt, küßt, küßt,
Die euch wieder küßt!
Voll von Wein,
Voll von Liebe,
Voll von Wein und Liebe,
Freunde, voll zu sein,
Küßt und schenket ein!

Gotthold Ephraim Lessing

Weinblume

Viel reicher als der Rosen Elixier,
Viel voller als die Wolke aus Importen,
Viel heiliger als Weihrauch duftet mir
Die Blume Wein von edlen Heimatsorten.

Bordeaux ist Labgeruch aus warmen Abends Talen.
Die Bowle spritzt und witzt ein leichter Moselwein,
O Haut-Sauternes, du perlst aus Duftopalen,
Südliche Berge im Falerner strahlen,
Doch reinste Blume reifet Pfalz und Rhein.

Da ist die Sonne flüssiges Gold geworden,
Da treibt der Boden herbster Wurzel Saft,
Da ist der Strom vom Süden und vom Norden
Stürmisch vereint zu großer Lebenskraft.

Rheinhessen: tönende Hügel, fröhliches Nackenheim!
Hochheim: Gesang der heilig „Weißen Erde"!
Rheingau: der schweren Düfte Wunderkeim!
Pfalz: starken Sommers Reichtum,
läutende Himmelsherde.

Wer eine Nacht in solchen Wogen schwamm,
Der weiß sich reifer und begreifet gut,
Wie froh und gern das holde Gotteslamm
In Wein verwandelt seiner Liebe Blut.

Ja, der Erlöser ist uns oft erschienen
Und hat in schäumenden Mostes Knospe offenbart,
Daß er den Jüngern, die ihm gläubig dienen,
Viel Gnaden tief im Keller aufbewahrt.

Ihm sind noch tausend Jahre wie ein Tag,
Und eines Schlucks Sekunde gleicht Äonen.
Im Perkel einer edlen Traube wohnen
Geschlechter, die kein Grab mehr kennen mag.

Da duftet Abendrot und Morgengrauen,
Da duftet Wiesenheu und Gartenblust,
Da duftet Haut und Haar geliebter Frauen,
Da duftet Jugend, Herbst und reife, zeitige Lust.

Carl Zuckmayer

Weingruss

Nun grüß dich Gott, du lieber Trunk,
Ich war dir hold, da ich noch jung:
So will ich im Alter nicht von dir weichen,
Ich will dir Nacht und Tag nachschleichen:
Und wo du bist, da bin ich gern,
Denn ich kann Krausen und Becher leer'n:
Und auch wohl schlauchen aus dem Glas,
Wohl lernt ich's, da ich jung dasaß:
Doch dünkt mich, ich tu im Alter auch recht,
Keiner meiner Freunde fand je dich schlecht:
Denn du ziehst an dich wie der Magnet,
Mancher zum Mittag zu dir geht,
Der kaum von dir kommt zur Mitternacht:
Das haben deine süßen Züge gemacht:
Und würfft ihrer zehn nachts in den Kot hernieder,
So gingen sie doch des Morgens alle gern hinwieder,
Und bringen so viel Lieb und Freundschaft zu dir,
Als wärest du ihr leiblicher Bruder.
Alle Juden, Heiden und Christen die bitten,
Gott wolle beschirmen und beschützen
Den Stock und die Reben, daran du hangest.
Da du so lieblich vor mir prangest,
Wie immer könnt ich dir das versagen:
Ich muß dich eingießen in meinen Kragen.

Unbekannt, 15. Jh.

An den Wein

Wein, wenn ich dich jetzo trinke,
Wenn ich dich als Jüngling trinke,
Sollst du mich in allen Sachen
Dreist und klug, beherzt und weise,
Mir zum Nutz, und dir zum Preise,
Kurz, zu einem Alten machen.

Wein, werd' ich dich künftig trinken,
Werd' ich dich als Alter trinken,
Sollst du mich, geneigt zum Lachen,
Unbesorgt für Tod und Lügen,
Dir zum Ruhm, mir zum Vergnügen,
Kurz, zu einem Jüngling machen.

Gotthold Ephraim Lessing

Lied zum Wein

Wein rinnt durch die Finger,
Weinflecken auf den Fliesen,
Wein, ins Gras gekippt vorm Atelier.
Wein aus Kisten, Körben, Plastik!
Landwein, Tafelwein und Flaschenwein!
Wir trinken unter Pinien und Oliven.

Wein fließt uns davon, Wein fließt
in uns hinein, wir fließen, Wein,
nass und frei vom Acqua Minerale.

Zwischen Fresken, die vergammeln,
und stillen, kühlen Parks mit Palmen
bin ich dem Wein, dem Wein verfallen,
Wein im Fenster, vor den Sternen!
Wein, weiß und morgen dunkelrot!
Wein, so weich, wie rein der Wahn!

Jürgen Theobaldy

BEAUJOLAIS
SOLDES 35

Trinklied

(1790)

Wie schmeckt das Gläschen Wein so süß!
Wie lieblich tönt sein Rändchen!
Ich weiß, wer Alles stehen ließ,
Kämst du aus manchem Händchen.

O, sey mir doch zu jeder Frist
Das Mäßchen des Genusses,
Und bleibe mir, so klein du bist,
Das Horn des Ueberflusses.

Bist du mein alter Lieblingskrug,
So bin ich Sohn des Glückes.
Ich freue mich bei jedem Zug
Des freundlichen Geschickes.

Zu einem solchen Becher rückt
Sich fest die heitre Laune,
Und keine Sorge reißt und knickt
Am grünen Gartenzaune.

Drum trinke, wer nur trinken kann,
Aus einem solchen Becher,
Er stößt noch mit den Enkeln an,
Und bleibt ein froher Zecher.

Oh, hör ich einst an meiner Tür
Die letzte Stunde klopfen,
So trink ich dankbar noch aus dir
Der Flasche letzte Tropfen.

Novalis

Bundeslied

(Spätere Fassung)

In allen guten Stunden,
Erhöht von Lieb' und Wein,
Soll dieses Lied verbunden
Von uns gesungen sein!

Uns hält der Gott zusammen,
Der uns hierher gebracht.
Erneuert unsre Flammen!
Er hat sie angefacht.

So glühet fröhlich heute,
Seid recht von Herzen eins!
Auf, trinkt erneuter Freude
Dies Glas des echten Weins!
Auf, in der holden Stunde
Stoßt an und küsset treu
Bei jedem neuen Bunde
Die alten wieder neu!

Wer lebt in unserm Kreise
Und lebt nicht selig drin?
Genießt die freie Weise
Und treuen Brudersinn!
So bleibt durch alle Zeiten
Herz Herzen zugekehrt:
Von keinen Kleinigkeiten
Wird unser Bund gestört.

Uns hat ein Gott gesegnet
Mit freiem Lebensblick.
Und alles, was begegnet.
Erneuert unser Glück.
Durch Grillen nicht gedränget
Verknickt sich keine Lust:
Durch Zieren nicht geenget
Schlägt freier unsre Brust.

Mit jedem Schritt wird weiter
Die rasche Lebensbahn,
Und heiter, immer heiter
Steigt unser Blick hinan.
Uns wird es nimmer bange,
Wenn alles steigt und fällt,
Und bleiben lange, lange,
Auf ewig so gesellt.

Johann Wolfgang von Goethe

Trinklied

Wer seines Leibes Alter zählet
Nach Nächten, die er froh durchwacht,
Wer, ob ihm auch der Taler fehlet,
Sich um den Groschen lustig macht,
Der findet in uns seine Leute,
Der sei uns brüderlich gegrüßt,
Weil ihn, wie uns, der Gott der Freude
In seine sanften Arme schließt!

Wenn von dem Tanze sanft gewieget,
Von Flötentönen sanft berauscht,
Fein Liebchen sich im Arme schmieget,
Und Blick um Liebesblick sich tauscht,
Da haben wir im Flug genossen
Und schnell den Augenblick erhascht
Und Herz an Herzen festgeschlossen,
Der Lippen süßen Gruß genascht.

Den Wein kannst du mit Gold bezahlen;
Doch ist sein Feuer bald verraucht,
Wenn nicht der Gott in seine Strahlen,
In seine Geisterglut dich taucht.
Uns, die wir seine Hymnen singen,
Uns leuchtet seine Flamme vor,
Und auf der Töne freien Schwingen
Steigt unser Geist zum Geist empor.

Drum, die ihr frohe Freundesworte
Zum würdigen Gesang erhebt,
Euch grüß ich, wogende Akkorde.
Daß ihr zu uns herniederschwebt!
Sie tauchen auf – sie schweben nieder,
Im Vollton rauschet der Gesang,
Und lieblich hallt in unsre Lieder
Der vollen Gläser Feierklang.

So haben's immer wir gehalten
Und bleiben fürder auch dabei,
Und mag die Welt um uns veralten,
Wir bleiben ewig jung und neu.
Denn wird einmal der Geist uns trübe,
Wir baden ihn im alten Wein
Und ziehen mit Gesang und Liebe
In unsern Freudenhimmel ein.

Wilhelm Hauff

Das Gelage

Kränze laßt uns, Rosenkränze,
Jetzt um unsre Schläfe winden,
Trinken unter milder Scherzen,
Einen Thyrsos in den Händen,
Welchen Efeulaub umrauscht,
Soll die Tänzerin den feinen
Fuß im Takt der Laute heben;
Und ein weichgelockter Knabe
Lasse seine würz'gen Lippen
Zu dem Saitenklang der Pektis
Herrlich vom Gesange schwellen.
Eros selbst im goldnen Haarschmuck,
Mit dem schönen Gott Lyäos,
Mit der holden Kythereia,
Kommt, des Schmauses Lust zu teilen,
Dessen sich die Greise freuen.

Eduard Mörike

Aus dem Westöstlichen Divan

Sie haben wegen der Trunkenheit
Vielfältig uns verklagt,
Und haben von unsrer Trunkenheit
Lange nicht genug gesagt.
Gewöhnlich der Betrunkenheit
Erliegt man, bis es tagt;
Doch hat mich meine Betrunkenheit,
In der Nacht umher gejagt.
Es ist die Liebestrunkenheit,
Die mich erbärmlich plagt,
Von Tag zu Nacht; von Nacht zu Tag
In meinem Herzen zagt.
Dem Herzen, das in Trunkenheit
Der Lieder schwillt und ragt,
Daß keine nüchterne Trunkenheit
Sich gleich zu heben wagt.
Lieb-, Lied- und Weines Trunkenheit,
Ob's nachtet oder tagt,
Die göttlichste Betrunkenheit,
Die mich entzückt und plagt.

Johann Wolfgang von Goethe

vom stummen sternengesicht rinnt helle
dunkelheit
der zecher wiegt sich im dunkeln in blühender
trunkenheit
er möchte die welt austrinken wie einen becher
voll wein
er möchte versinken
er möchte tief im herzen sein
diesen durst stillt nur vergehen
vergehen ist guter wein

Hans Arp

Trunkelheit

Trunkelheit
wie zuvor
Findst du nichts mehr im Raum
Finsternix Meergeraun
seit sich die Landpe verlor

Du hast dem Licht dich genähert
hast dich genährt im Licht
Gewehrt hat sichs und dich gewehert
Weh
es gewährt sich nicht

Trunkelnder Tor
in Rauhnacht und Grauen
ins Licht kannst du nicht lang schauen
Schwatz
wie zuvor

Erich Fried

Anne Margritchen!
Was willst du mein Liebchen?
Ich trinke so gerne
Gezuckerten Wein.

Zwei Pfund Zuckerchen,
Ein Pfund Butterchen,
Schütt' es ins Kesselchen,
Rühr' es mit dem Löffelchen.

Zwei Maße Wein,
So muß es gut sein.
Anne Margritchen
Was Zipfel ist das?

Eine Weinsupp', eine Weinsupp'!

Clemens Brentano

Der einsame Trinker

„Ach, wer möchte einsam trinken,
Ohne Rede, Rundgesang,
Ohne an die Brust zu sinken
Einem Freund im Wonnedrang?"

Ich; – die Freunde sind zu selten;
Ohne Denken trinkt das Tier,
Und ich lad aus andern Welten
Lieber meine Gäste mir.

Wenn im Wein Gedanken quellen,
Wühlt ihr mir den Schlamm empor,
Wie des Ganges heilge Wellen
Trübt ein Elefantenchor.

Dionys in Vaterarme
Mild den einzlen Mann empfing,
Der, gekränket von dem Schwarme,
Nach Eleusis opfern ging.

Ich trinke hier allein,
Von Freund und Feinden ferne,
In stiller Nacht den Wein
Und meide selbst die Sterne:

Da fährt man gerne mit
In Blicken und Gedanken
Und könnt auf solchem Ritt
Das volle Glas verschwanken.

Der Kerzen heller Brand
Kommt besser mir zustatten,
Da kann ich an der Wand
Doch schauen meinen Schatten.

Mein Schatten! komm, stoß an,
Du wesenloser Zecher!
Auf, schwinge, mein Kumpan
Den vollen Schattenbecher!

Seh ich den dürren Schein
In deinem Glase schweben,
Schmeckt besser mir der Wein
Und mein lebendig Leben;

So schlürfte der Hellen
Die Lust des Erdenpfades,
Sah er vorübergehn
Als Schatten sich im Hades.

[...]

Redlich, Schatten, kannst du heben
Den Pokal, mich lassen leben;
Wenn sie meinen Leib bestatten,
Bist du mitvergangen, Schatten!

Manches Auge möchte weinen;
Schatten, doch ich wüßte keinen
Auf dem weiten Erdenringe,
Der wie du mit mir verginge.

Weil dem Sünder ohne Reue
Soll gebrochen sein die Treue,
Lassen tiefempfundne Mären
Den Verbrecher dich entbehren.

Treuer Freund, sei mir gepriesen!
Hast mir Liebes oft erwiesen;
Will zu stolz das Herz mir glänzen,
Zeigst du still mir meine Grenzen.

Nikolaus Lenau

Punschlied

(1789)

Liebt Wein, liebt Wein, seyd seines Lobes über
Und über immer voll;
Wir jubeln doch beym Punschgelage lieber;
Da praesidirt Apoll.

Durch Punsch erquickt sich Herz und Sinn und Glieder
So mancher brave Mann,
Und mancher singt durch ihn begeistert Lieder
Der sonst kein Lied ersann.

Sonst sang man mancherley von Nektarbecher
Der Göttern nur gebührt;
Die Zeiten ändern sich, von jedem Zecher
Wird er jezt postulirt!

Denn Punsch war es, doch wußtens die Poeten
Fürwahr noch damals nicht,
Die armen Herrn! man merkt es, denn sie krähten
Manch schläfriges Gedicht.

Wißt ihr, warum der Rechabiten keiner
Trank Most und Malvasier?
Sie zechten lieber Punsch, wie unsereiner
Und waren froh wie wir.

Selbst, Brüderchen, wo Teufelchen sich letzen
Bei Voltaires lustgen Schwank,
Sind Flammen nicht, glaubt mirs, trotz allen Götzen,
Ist Punsch und Rundgesang.

Da geht beim Mahl in wackrer Zecherrunde
Der Punsch herum, wie froh!
Beelzebub kräht selbst aus Flammenmunde
Sein Dulci jubilo.

Stoßt an! es lebe unsre Punschterrine
Und werde nimmer leer,
Und macht ja einer eine finstre Miene
Der trink ein Gläschen mehr.

Novalis

Das Ende des Festes

Da mit Sokrates die Freunde tranken,
Und die Häupter auf die Polster sanken,
Kam ein Jüngling, kann ich mich entsinnen,
Mit zwei schlanken Flötenbläserinnen.

Aus den Kelchen schütten wir die Neigen,
Die gesprächesmüden Lippen schweigen,
Um die welken Kränze zieht ein Singen …
Still! Des Todes Schlummerflöten klingen.

Conrad Ferdinand Meyer

Der alte Trinker

Alt bin ich zwar, doch trink ich
Trotz einem Jüngling wacker;
Und wenn es gilt zu tanzen,
Mach ich in meinem Chore
Den tanzenden Seilenos,
Nehme den Schlauch zum Stabe.

Geht mir mit euren Stecken!
Hat einer Lust zu kämpfen,
Der kämpfe meinetwegen.
Auf, bringe mir, o Knabe,
Gemischt mit honigsüßem
Weine den vollen Becher!

Alt bin ich zwar, doch trink ich
Trotz einem Jüngling wacker.

Eduard Mörike

Trinklied

Wir, Brüder, sind noch Zecher
Von altem Schrot und Korn!
Wir leeren frisch die Becher
Ohn Eifersucht und Zorn!
Uns klinget silbertönig
Der Gläser Melodei!
Und unser Ehrenkönig
Hält gute Polizei!

Behauptung und Bestreitung
Hat nie uns aufgebläht!
Wir wissen aus der Zeitung
Nur, ob der Wein gerät.
In Ruhe mein und glaube
Sogar der Muselmann!
Die Lästrung nur der Traube
Entstellt den Alkoran.

Friedselig ohne Grübeln
Sitzt man am vollen Glas;
Auch Übel läßt man übeln,
Nur messe gleiches Maß.
Oh, Frankreichs armer König,
Woher dein Volksgewühl?
Der eine trank zuwenig,
Der andre trank zuviel!

Johann Heinrich Voss

Der Trinker

Wie er sich aufhebt, wie er die Sterne streift!
Wie er die Luft sich greift, die Welt!
Wie er heiter dem Abgrund reift
und mit dem Schädel schellt –

Trinke nur, trink!

Blumen sind rings um ihn.
O, er ist weise und still.
O, er kann fliegen und fliehn,
Gott kann er sein, wenn er will.
Pfad aus der Schlucht?
Alles ist nur Gefühl,
jeglicher Weg ist gebucht –

Trinke nur, trink!

Wer sagt Tod? Wo ist Tod?
Der in der Brust?
Wehen nicht Fahnen, singen die Kinder nicht?
Nacht ist und Brücke bricht –
Er hat nichts gewußt.

Trinke nur, trink!

Er schlägt die Augen auf. Tief ist die Nacht.
Wer läßt mich ein?
Wo mag die Heimat sein?
Bald ists vollbracht!
Fort sind die Fahnen, der Strom geht und geht,
der Tod steht im Boot.
Bald ist das Lied verweht,
Eile tut not –
Wie er herüberspäht
und droht und droht –

Trinke nur, trink!

Josef Weinheber

An die Freunde

Freunde, wenn wir einst als Schatten
Um den Aldebaran schweben,
Mag uns wohl der Stern der Reben
Einen Gastbesuch verstatten.

Mag dann dieser Stern des Leides
Sein Gesetz uns nochmals messen,
Oder schenke er uns beides:
Die Berauschung, das Vergessen!

Daß uns dann die Dinge grüßten
Schwebend, jenseit Qual und Qualme,
Wie der Milchsee über Wüsten
In der Nuß der Kokospalme!

Aber was wir heute treiben,
Solls nicht auch uns einst erwarten?
Ewig mag die Erde bleiben
Unsres Geistes Dichtergarten!

Suchten wir zum Heimatfeste
Alten Tisch und alte Rede,
Wäre nicht am Glück das Beste
Wieder unsrer Herzen Fehde?

Wenn wir ihre Kühnheit wagen,
Götter aus der Erde steigen
Und sich selig zu uns schlagen,
Wollen wirs uns nicht verschweigen:

Letzten Tores schwarzem Bogen
Müßten wir die Nacken biegen,
Lange Nacht, die wir durchzogen,
Müßte wieder vor uns liegen.

Dennoch wollen wir nicht zagen,
Mag vorher der Stern der Mühen
Noch einmal fur uns erblühen.
Dennoch wollen wir es wagen!

Oskar Loerke

Das letzte Glas

Das letzte Glas! Wer mag es denken!
Und dennoch muß ein letztes sein!
Mich drängts, es hastig einzuschenken,
Fällt auch die Träne mit hinein.
Stoß an! Du stießest gar zu heftig!
In tausend Scherben liegt das Glas.
Ein neues bringt mir schon geschäftig
Der Kellner; nochmals füll ich das.

Das letzte Glas! Wer mag es schauen!
Und dennoch muß ein letztes sein!
Du ziehst nun bald in ferne Gauen:
Denkst du im fremden Land noch mein?
Stoß an! Ich zittre gar zu heftig!
In tausend Scherben liegt das Glas.
Ein neues bringt mir schon geschäftig
Der Kellner; nochmals füll ich das.

Das letzte Glas! Wer mag es trinken!
Und dennoch muß ein letztes sein!
Dir werden neue Freunde winken,
Ich aber bleib hier ganz allein!
Stoß an! Zu Boden werf ichs heftig!
Warum schon jetzt das letzte Glas?
Ein neues bringt mir schon geschäftig
Der Kellner; nochmals füll ich das.

Das letzte Glas! Wir lassens stehen!
Versiegle und verschließ den Wein!
Wenn wir dereinst uns wieder sehen,
So soll es unser erstes sein!
Komm, an den Mund preß ich dich heftig,
Als wärst du selbst mein letztes Glas!
Was wir uns sind, das fühl ich kräftig,
Jetzt geh mit Gott! Wir bleiben das!

Friedrich Hebbel

Zugunsten der Trinker

Sei gut zu den Trinkern, sie haben's nicht leicht!
Sie müssen sich tausendfach opfern.
Verachte sie nicht und bedenke: vielleicht
gehörst du bald auch zu den heimlichen Klopfern,
die abends noch irgendwo Einlaß begehren,
um feierlich einige Flaschen zu leeren.

Dann drücke die Falle getrost und tritt ein!
Beachte für später die Schwelle!
Reicht einer dir schwankend vom festlichen Wein,
erfaß ihn und prüfe die Farbe und Helle
und laß ihn zum Wohle der bunten und weiten
verzauberten Welt durch die Halsröhre gleiten!

Beeil dich bedächtig, der Weg ist noch weit!
Wer früher begann, hat schon Höhe.
Die Stunden der Nächte sind flüchtig, doch Zeit
bringt Rosen ins Antlitz, und winzig wie Flöhe
erscheinen dir Schulden und Mühen und Sorgen –
und ferne ist jeder verwirrende Morgen …

Die Gläser sind leer, und die Trinker sind voll:
das ist das erwartete Ende.
Wer aber nach Hause ins Nüchterne soll,
der nehme den Weg in die tastenden Hände.
Und heimwärts im Lichte der zwinkernden Sterne
begegnen Soldaten und Hunde ihm gerne.

Sei gut zu den Trinkern, sie haben's nicht leicht!
Zum Trinken gibt's vielerlei Gründe.
Wenn zufällig einer noch lange nicht reicht,
so lockern sich dennoch im Keller die Spünde;
denn jener, der sprach, daß die Weinstöcke trieben,
der wollte, daß viele die Weine auch lieben.

Hans Schumacher

Redensarten, womit die Deutschen die Trunkenheit einer Person andeuten

Er spürt den Wein.
Er hat einen Schuß.
Er ist angeschossen.
Er hat einen Hieb.
Er hat einen Strich.
Er hat einen Jesuiter.
Er hat etwas zu viel.
Er ist besoffen.
Er ist benebelt.
Er hat einen heiligen Schein.
Er hat einen Rausch.
Er ist begeistert.
Er ist voll.
Er hat etwas im Kopf.
Er hat genug.
Er hat einen Haarbeutel.
Er hat ein Glas zu viel getrunken.
Er hat zu tief ins Glas geguckt.
Er ist illuminiert.
Er taumelt.
Die Zunge ist ihm schwer.
Er kann die Zunge nicht mehr heben.
Er kann auf kein Bein mehr stehen.
Er ist berauscht.
Er ist betrunken.

Er ist dabei gewesen.
Er ist fertig.
Er ist hin.
Er ist weg.
Er ist selig.
Er sieht den Himmel für eine Baßgeige an.
Er sieht die Buchstaben doppelt.
Er ist himmelhageldick.
Er hält einen Calenberger Bauern für eine Erdbeere.
Der Kopf ist ihm schwer.
Er hat trübe Augen.
Er ist im Oberstübchen nicht richtig.
Er hat Glas-Augen.
Er wackelt.

Er hat etwas im Dach.
Er ist toll und voll.
Er hat seine Ladung.
Er war an einen guten Ort.
Er ist geliefert.
Er ist gedeckt.
Er sieht zwo Sonnen.
Er ist pudelhageldick.
Er geht als wenn alle Häuser sein gehörten.

Er ist ganz weg.
Er segelt mit vollen Segeln.
Er hat sich an Laden gelegt.
Er ist pudeldick.
Er hat seinen Talis.
Er hat sein Teil.
Er kann nicht mehr über den Bart spucken.
Er macht einen pas frisé.
Er ist dick.
Er hat des Guten zu viel getan.
Er hat pokuliert.

Er schwebt.
Er kreuzt.
Er hat satt.
Er sah Schleifkannen am Himmel.
Er ist so voll, daß er es mit den Fingern im Halse fühlen kann.
Er kann keine Ecke vorbei kommen.
Er hat sich einen Bart gemacht.
Er geht einen M-Strich. (il fait des SS)
Er ist gut gesegnet.
Er hat schief geladen.
Er hat sich schwarz gemacht.
Es spükt ihm im Giebel.
Er laviert.
Er hat etwas im Krüsel.
Er ist katzendick.
Er hat sich bespült.
Er hat geschnapst.
Er hat sich was bene getan.
Er hat sich gut vorgesehen.
Er hat einen Tummel.
Er kann kaum lallen.
Er hat Moses Zunge.

Er ist herumgeführt.
Er ist unter dem Tische.
Er sieht eine Turm-Spitze für einen Zahnstocher an.
Er hat sich besäbelt.
Er hat sich die Nase begossen.
Er hat sich begabet.
Er kann nicht mehr lallen.
Er hat sich etwas zu Gemüte geführt.
Er ist à tout.
Er hat sich betudelt.
Er hat einen Schnurren.

Er hat einen Ditto.
Er ist sternblinddick.
Er riecht nach der Fuselbulle.
Die Zunge ist ihm gelähmt.
Man hat ihn begraben.
Er ist blindhagelvoll.
Er ist so voll wie ein Dudelsack.
Er sieht aus wie ein gestochen Kalb.
Er sieht aus wie eine Ente wenns wetterleuchtet.

Georg Christoph Lichtenberg

K.-Jammer

Diese graue Wolkenschar
Stieg aus einem Meer von Freuden;
Heute muß ich dafür leiden,
Daß ich gestern glücklich war.

Ach, in Wermut hat verkehrt
Sich der Nektar! Ach, wie quälend
Katzenjammer, Hundeelend
Herz und Magen mir beschwert!

Heinrich Heine

An die Rotweinflecken

auf dem Tischtuch in einem französischen Restaurant

Ich sehe euch mit ernster Freude an
Und schieb' den Teller weg, der euch verdeckt.
Mein erster Schluck dem unbekannten Mann,
Dem es vor mir an diesem Tisch geschmeckt!

Aus euren lilablau zerlaufnen Rändern
Schaut ihr mit sanft verträumtem Trinkerblick,
Und gleicht dem Schattenriß von fremden Ländern,
Von Madagaskar oder Mozambique.

Noch ist mein Platz bestreut mit goldner Krume
Des Brots, das man bedächtig brach und aß.
Du Land voll Wohlklang und Burgunderblume,
Gleichst du noch immer jenem Königtume,
Das einst sein Fürst nach Fudern Wein bemaß?

Du spätes Land, bespielt von Abendstrahlen
Aus reifer Sprache buntem Prismenglas,
Wo Genien, Zaubrer, Zollbeamte malen,
Und wo selbst Gott sein Himmelreich vergaß!

Ich sah dich stahlzerfetzt und blutbegossen,
Ich lag an deinem Leib in Angst und Weh –
Vielleicht war der, der mich so schwer beschossen
Der freundlich-wohlbeleibte Sommelier –?

Und trank ich nicht aus deiner Tränenquelle,
Und litt ich nicht mit dir die Sterbenspein?
Ach, Schwesterland – ich knie an deiner Schwelle
Und küsse jeden Fleck von Blut und Wein!

Er schenkt mir ein. Es sprüht vom Flaschenmunde.
So trinke, Tischtuch! Trink die Libation!
Der Fremdling neigt sich deiner holden Stunde
Und macht sich nordwärts, nebelwärts, davon.

Carl Zuckmayer

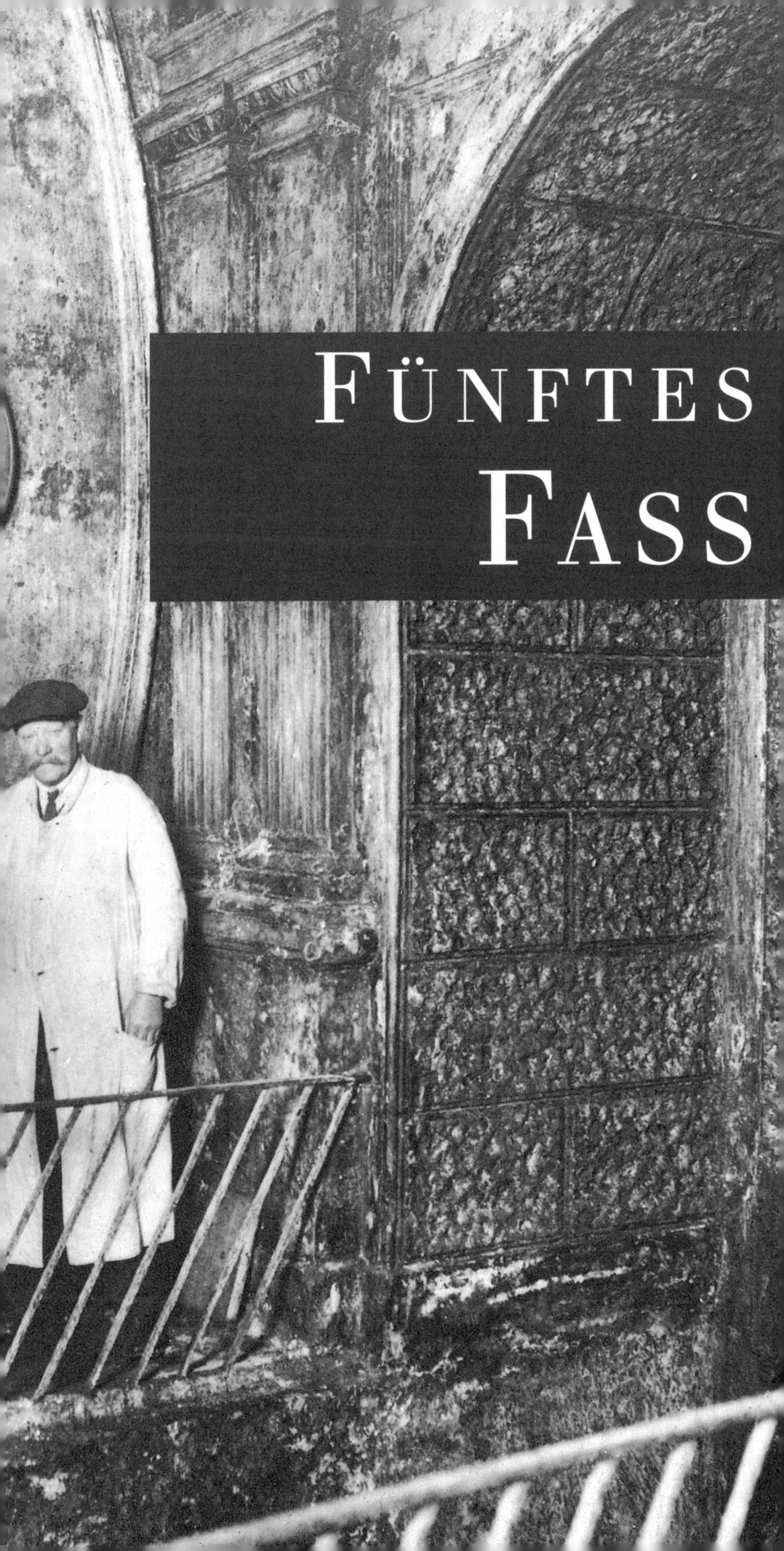

Fünftes Fass

DIE WUNDER DES WEINS

Felix venter, quam intrabis,
Felix lingua, quam rigabis,
Felix os, quod tu lavabis,
Et beata labia!

Heil dem Bauch, den du ergetzest,
Heil der Zunge, die du letzest,
Heil dem Mund, den du benetzest,
Lippen, die du selig machst!

KLEINES LIED

1
Es war einmal ein Mann
Der fing das Trinken an
Mit achtzehn Jahren, und –
Daran ging er zugrund.
Er starb mit achtzig Jahr
Woran, ist sonnenklar.

2
Es war einmal ein Kind
Das starb viel zu geschwind
Mit einem Jahre, und –
Daran ging es zugrund.
Nie trank es: das ist klar
Und starb mit einem Jahr.

3
Daraus erkennt ihr wohl
Wie harmlos Alkohol …

Bertolt Brecht

Trinklied

Wenn wir voll Kraft
Mit Weinessaft
Die Nase uns begossen,
Wie dann der Fluß
Des Pegasus
Kommt auf uns zugeschossen,
Der will dann ein
Poete sein.
Der kann viel Streitens machen
Von der Natur,
Der redet nur
Von Gottes hohen Sachen.

Dort hat ein Paar
Sich bei dem Haar,
Der greift nach seinem Degen,
Der steht und speit,
Der jauchzt und schreit
Und kann sich kaum noch regen.
Der säuft dem zu
Auf einen Du,
Der schwatzt von seinen Kriegen,
Der sitzt und weist
Wo er gereist,
Und scheut sich nicht zu lügen.

Auch mir wird itzt
Der Kopf erhitzt,
O Wein, von deinen Gaben,
Die Zunge singt,
Die Seele springt,
Die Füße wollen traben,
Wohlan noch bas
Durch dieses Glas
Will ich auf dich jetzt zielen.
Du deutsches Blut,
Laß mir ein Gut
Rundadinella spielen.

Unbekannt, 17. Jh.

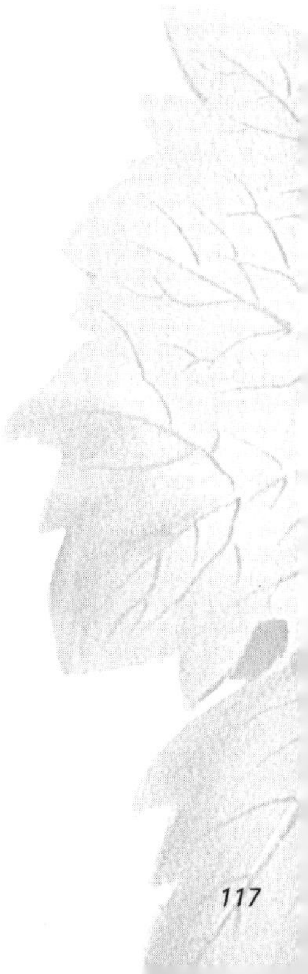

Der Wein

I.
Der Gott, der uns die Rebe gab,
Der hat uns auch geheißen:
Zu trinken bis ans kühle Grab
Den Roten wie den Weißen.

II.
Es liegt die Welt voll Sonnenschein,
Die grünen Wälder winken.
Wir wolln in einem guten Wein
All unser Leid vertrinken.

Der Wein erfrischt das alte Mark,
Trink nun den Wunderkühlen!
Du wirst dich wie ein Simson stark
In deinen Knochen fühlen.

Georg Weerth

Erotische Blumenlese

Eine Neige Wein,
Eine Neige Liebe;
Daß vom Abendscheine
Nun soviel mir bliebe,
Meinen Doppelrest
Langsam auszutrinken,
Und zum Schlafe fest
In die Nacht zu sinken.

Friedrich Rückert

Die beiden

Sie trug den Becher in der Hand
– Ihr Kinn und Mund glich seinem Rand –,
So leicht und sicher war ihr Gang,
Kein Tropfen aus dem Becher sprang.

So leicht und fest war seine Hand:
Er ritt auf einem jungen Pferde,
Und mit nachlässiger Gebärde
Erzwang er, daß es zitternd stand.

Jedoch, wenn er aus ihrer Hand
Den leichten Becher nehmen sollte,
So war es beiden allzu schwer:
Denn beide bebten sie so sehr,
Daß keine Hand die andre fand
Und dunkler Wein am Boden rollte.

Hugo von Hofmannsthal

Geschichtsklitterung

Das macht allein der gute Wein,
der tut mir sanft einschleichen.
Er liebet mir ins Herzensschrein:
von ihm kann ich nit weichen.

Und wann ich zu dem Wein will gahn,
so muß ich ein paar Batzen han,
daß ich die Kehl tu schmieren.
Es ist ein guter, sanfter Wein,
er tut mich oft verführen.

Wo ich bei dir sitz über Tisch
so machst mich also frisch,
daß ich heb an zu singen,
und wo ich bei den Gsellen bin,
so tu ich ihm das bringen.

Ach Wein, du schmackst mir also wohl,
du machst mich dick und also voll,
daß ich nit heim kann kummen:
so fangt mein wunderschönes Weib
daheimen an zu brummen,
ja brummen.

Ach Wein, du bist mir viel zu lieb:
du schleichst mir ein gleich wie ein Dieb,
drum laß ich Vöglein sorgen.
Kein Wolf frißt mir kein Kuh noch Kalb,
und sollt er dran erworgen,
ja worgen.

Johann Fischart (‚Mentzer')

Seliger Rausch

Wenn Bakchos erst mich heimsucht,
Dann schlummern meine Sorgen,
Reich bin ich dann, wie Krösos,
Und singe süße Weisen.

Bekränzt mit Efeu lieg ich,
Im Übermute tret ich
Verachtend alles nieder.
Schenk ein! Es gilt zu trinken.

Reich mir den Becher, Knabe!
Viel besser ist es, trunken,
Als tot am Boden liegen.

Eduard Mörike

Die Stärke des Weins

Wein ist stärker als das Wasser:
Dies gestehn auch seine Hasser.
Wasser reißt wohl Eichen um,
Und hat Häuser umgerissen:
Und ihr wundert euch darum,
Daß der Wein mich umgerissen?

Gotthold Ephraim Lessing

Vom Lichte des Weines

Zünd, o Schenke, die Lampe mir an mit Lichte des Weines
Lade Sorgen und Kummer mir vors Gerichte des Weines!
Bring den Hader der Fürsten, und bring die Klagen der Völker
Her, daß beide Parteien ein Spruch beschwichte des Weines!
Sieh mich an, wie ich trinke, und lies ins stiller Verklärung
Meiner Mienen, o Schenke, die Lustgeschichte des Weines.
Jüngst ein trüber Gedanke kam, aus der Welt sich verirrend,
In mein Herz, wo ich lauschte dem Unterrichte des Weines.
Und griesgrämisch begann er hier eine Predigt zu halten
Von Entsagung der Liebe und von Verzichte des Weines.
Sprach: Wie lange noch Rosen? Und Nachtigallen wie lange?
Liebeslieder wie lange noch? Wie lang Gedichte des Weines?
Und mein Lehrer, der alte, begann unruhig zu werden;
Doch ich schaute vertrauend zum Angesichte des Weines.
Mutig warf ich den Störer hinaus, woher er gekommen,
Horchte weiter im stillen dem Unterrichte des Weines.
Helft mir häufen, um stattlich des Lebens Not zu begraben,
Eine Schichte der Rosen und eine Schichte des Weines.
Mein weingrünes Gemüte verschließt sich äußerem Anhauch,
Wie das weiße Gefäße, das ausgepichte, des Weines,
Wenn die Liebe mich rüttelt, und bringt die Skale
  zum Schwanken,
Halt ich mich in der Schwebe durchs Gleichgewichte
  des Weines.
Mich entheben der Erde zu paradiesischen Lauben
Wache Liebesgedanken und Traumgesichte des Weines.
Geh, Hafis! doch und suche, wo deinesgleichen zu finden
Im Gesange der Liebe und im Gedichte des Weines.

Friedrich Rückert

Weinsegen

Nun gesegne dich Gott, du lieber Heiland!
Herr Noah dich als erster fand,
Der deckte dich mit viererlei Mist,
Davon du noch so kräftig bist,
Von Affen, Schafen, Löwen, vom Schwein.
Zeigst die vier Kräfte noch insgemein
An Männern, Frauen, Laien und Pfaffen,
Die machst du oft zu Narren und Affen.
Wer dein zuviel geladen hot,
Den legst du wie ein Schwein in Kot.
Du machst auch manchen so geweckt,
Daß er gegen Zehn zum Streit sich reckt.
Auch machst du manchen Wilden zahm
Als wären ihm alle Glieder lahm.
Man spürt die vier Kräfte am Mann und am Weibe,
Kein Arzt, der sie so gut vertreibe
Als ein Krug vom frischen Bronnen,
Wenn sie die Kellersteuer gewonnen.

Unbekannt, 15. Jh.

Panard und Galet

Sie kamen von der Tränke,
Sie wankten aus der Schänke
Mit einer Zecherschar,
Als es Karfreitagmorgen
Und grabesstille war.

Von heißen Stirnen nicken
Und stäuben die Perücken,
Wie Wolke birgt den Blitz;
Die spitze Kling am Degen
Zuckt wie geschliffner Witz.

Sie taumelten und sangen,
Vom Mund wie Stöpsel sprangen
Die Verse, Schlag auf Schlag;
Da schrie Panard: O fühlet
Den furchtbar großen Tag!

Das Universum trauert,
Die dunkle Sonne schauert,
Die Erde wankt und bebt,
Daß unter unsern Füßen
Der hohle Boden schwebt!

Unsicher ist's, zu stehen,
Und ratsam nicht, zu gehen!
Kehrt um zu unsrem Wirt! –
Und alsbald kroch die Herde
Zurück zu ihrem Hirt.

Dort blieben sie verborgen
Bis an den dritten Morgen
Tief und geheimnisvoll,
Bis in der goldnen Frühe
Die Osterglocke scholl.

Als die verjüngte Sonne
In Auferstehungswonne
Durchschritt des Frühlings Tor,
Da stiegen aus der Höhle
Weinselig sie hervor.

[…]

Gottfried Keller

Von dem geistlichen Mai

An des Kreuzes Ästen
Erblühet roter Wein,
Den gibt man lieben Gästen,
Sie müssen lauter sein.

Drauf in dem Himmelreiche,
Da schenkt man Cyperwein,
Da solln die edlen Seelen
Von Minne trunken sein.

Da schauet man den Vater,
Den Sohn, den vielheiligen Geist,
In gottiefer Minne
Mit Freuden allermeist.

Die Mägde, die um die Tische gehn,
Die Engel sie singen so schön,
Der Heiliggeist ist Schenke,
Maria ist Schaffnerin.

Unbekannt, 14. Jh.

Ghasel

Wenn ich hoch den Becher schwenke, süß berauscht,
Fühl ich erst wie tief ich denke, süß berauscht;
Mir wie Perlen runden lieblich Verse sich,
Die ich schnüreweis verschenke, süß berauscht;
Voll des Weines, knüpf ich kühn des Zornes Dolch
An der Liebe Wehrgehenke, süß berauscht;
Hoffen darf ich, überhoben meiner selbst,
Daß ein fremder Schritt mich lenke, süß berauscht;
Staunend hören mich die Freunde, weil ich tief
In Mysterien mich senke, süß berauscht;
Weil mein Ich sich ganz entfaltet, wenn ich frei
Keiner Vorsicht mehr gedenke, süß berauscht;
Wehe, wer sich hinzugeben nie vermocht,
Wer dich nie geküßt, o Schenke, süß berauscht.

August von Platen

Der Gebrauch des Lebens.

Die 4te Ode Anakreons.

Hier im Schatten junger Myrthen,
Hier auf weiche Lotosblätter
Hingelagert, will ich trinken.
Amor schürze sein Gewand auf!
Amor reiche mir den Becher!
Denn das Leben fleucht von hinnen,
Wie das Rad am Wagen hinrollt;
Und wann dieß Gebein zerfallen,
Sind wir eine Hand voll Asche.
Hilft es dann das Grab zu salben,
Und mit Most den Staub zu tränken?
Salbe mich, weil ich noch lebe!
Kröne mir die Stirn mit Rosen!
Lade meine Freundinn zu mir!
Amor, eh ich mich dort unten
In den Tanz der Todten mische,
Scherz' ich Gram und Unmuth von mir.

Karl Wilhelm Ramler

Der Dritte im Bunde

Nach Li-Tai-Pe

In der Blütenlaube sitz ich beim Wein,
säße gern in guter Gesellen Mitte.
Kommt der Mond, lädt sich leise ein,
nimmt mein Gläschen in Augenschein,
und mein Schatten tut, als wär er der Dritte;
ist eine herrliche Tafelrunde!

Bruder Mond kann nicht mit trinken;
Schatten macht nur nach, was ich tu.
Sei's! Solange noch Tropfen blinken,
will ich euch doch Willkommen winken,
zechen, bis wir zu Boden sinken!
Glas hoch, Freunde, auf Du und Du,
noch schmeckts dem Munde, es lebe die Stunde!

Noch! Wie lacht der Mond in mein Glas,
wie tut mein Schatten tanzen und springen!
Solang ich noch stehn kann, Freunde, was?
so lange dauert der Freundschaftsspaß.
Freut euch, Brüder, bald fall ich ins Gras!
Dann ists aus! kein Lebwohl wird klingen,
nur der Dritte im Bunde lacht im Grunde:
wann feiern wir Wiedersehensrunde?!

Richard Dehmel

Vergessen im Wein

Sonst war der Wein doch immer gut,
wenn ich vergessen wollte,
wie weh das Leben tut.
Wenn der Sang aufsprang, wenn das Lachen erklang,
wenn das Blut in den Adern prall und drang
die Seele übertollte –
Warum nur geh ich nicht –?
Nur Dich vergesse ich nicht im Wein,
Dich nicht! – Den göttlichen Wiederschein,
im Traum nur erkannt und ermessen:
Ganz müßt ich von Gott verlassen sein –
dann könnte ich Dich vergessen.

Josef Weinheber

Unsre Väter sind gesessen

Mai 1833

Unsre Väter sind gesessen
Auch vor vollen Gläsern hier;
Unsre Väter sind vergessen,
Und vergessen werden wir.

Wer kann alles auch behalten,
Was geschieht und nicht geschieht?
Ob sich hier die Stirn in Falten,
Dort der Mund zum Lächeln zieht?

Leer' und volle Köpf und Taschen
Werden nach uns auch noch sein,
Nach uns gibt's noch Krüg und Flaschen,
Gläser mit und ohne Wein.

Und wenn diese gehn zu Scherben,
Neue Gläser werden draus;
Wenn die alten Gäste sterben,
Kommen neue Gäst ins Haus.

Könnten unsre Väter sprechen,
Sprächen sie: Stoßt an und zecht!
Leben war noch nie Verbrechen,
Und der Lebende hat recht.

A. H. Hoffmann von Fallersleben

Der Wein der Nacht

Die falbe Stadt genießt des Nachtweins Letze,
Es fliegt Getürm wie Vogelschlaf so leicht,
Haus weht zu Hause, säumt den Saum der Plätze:
Nachtfaltersegel, die ihr Ziel erreicht.

Daß Glocke, Huf und Rad wie Regen klingen,
Tupft sie ein Baum lind auf, ein grüner Schwamm.
Der Markt mit seinen lauten Silberlingen
Verrauscht schon über meiner Bank am Stamm.

Doch ich bin Trinker und bin Trunk der Trauer,
Die alle Namen spricht! – Wie wohnt die Zeit
So sicher in viel Namen ohne Dauer,
Als wärens Berge für die Ewigkeit!

Wie jäh sich warme Tiere scharen, trunken
Von Schicksals Ungeduld, zur Todesfahrt,
Entwirbeln meine Leben zu den Sternenfunken
Und welken schon, bei ihnen aufgebahrt.

Noch nährt der Wein der Nacht das Weltgeleuchte,
Bestrahlt mich dort mit Geist und Rausch der Wein.
Dann sickert in die Häuser seine Feuchte,
Dann schleicht die Trauer über trockne Schwellen ein.

Oskar Loerke

Spätmeldung

In dieser Nacht
geschah es, daß der leicht betrunkene
Polizeipräsident
mit Hilfe seiner Vorderfüße
vierbeinig vor und zurück und wohlgesonnen
der dritten erweiterten Auflage von Brehms Tierleben
plötzlich
über die über und über
mit Milch beplemperte Einbahnstraße des Himmels
herab
den Großen Funkwagen
per Affenzahn und Doppelstern
auf sich zukommen sah,
was den Angeheiterten Widerstand leisten ließ
gegen die Himmelsgewalt, die ihn seines Erachtens
überfallen hätte aus purer Rauflust,
als wäre er der diensthabende Teufel persönlich.

Günter Bruno Fuchs

Zechers Testament

Ihr Brüder, wenn ich nicht mehr trinke
Und matt von Gicht und Podagra
Hin auf das Krankenlager sinke,
Dann glaubt, es sei mein Ende nah.

Sterb ich nun heute oder morgen,
So ist mein Testament gemacht,
Für mein Begräbnis müßt ihr sorgen,
Doch ohne Glanz und ohne Pracht.

Beim Sarge laßt es nur bewenden,
Legt mich nur in ein rheinisch Faß,
Statt der Zitrone in den Händen
Reicht mir ein volles Deckelglas.

Im Keller sollt ihr mich begraben,
Wo ich so manches Faß geleert.
Den Kopf muß ich beim Zapfen haben,
Die Füße nach der Wand gekehrt.

Und wollt ihr mich zum Grab geleiten,
Dann folget alle, Mann für Mann;
Um Gottes willen, laßt das Läuten,
Stoßt lieber mit den Gläsern an!

Auf meinen Grabstein setzt die Worte:
„Er ward geboren, wuchs und trank;
Ward eingesenkt am gleichen Orte,
Wo er schon oft zu Boden sank."

Unbekannt, 18. Jh.

Brandung der Nacht

Brandung der Nacht, durchrauschter Blütenbaum.
Trink und erblinde.
Im Taumelmeer der amethystnen Winde
Weht schwarzer Schaum.

Trink und vergiß,
Was noch vom Tag auf Deinen Augen lastet.
Mein Atem tastet
Um Deinen Leib wie heiße Finsternis.

Horch: unsre Welt ist laut.
Die Wälder dröhnen.
Wirst Du des Baumgotts Braut,
Hörst Du sie stöhnen.

Reite, reite rittlings auf meinem Sattelknauf.
Die Nächte des Sommers haben kurzen Lauf,
Doch lange Stunden.

Reite, reite rittlings auf meinem Sattelknauf.
Saug tief und schnauf
Die Nacht wie Wein und Blut aus Liebeswunden.

Trink und vergiß.
Lebe, lebe, und stirb, mit allen Sinnen.
Wir Finsternis.
Wir Güsse Frühlichts, die in Gräber rinnen.

Brandung des Tags. Versunkner Sternenwind.
Trink und erblinde.
Der Morgen rinnt
Wie Harz und Knospensaft aus schwarzer Rinde.

Carl Zuckmayer

Trinklied

Wir sind wie Trinker,
Gelassen über unseren Mord gebeugt.
In delphischer Ausflucht
Wanken wir dämmernd.
Welch ein Geheimnis da?
Was klopft von unten da?
Nichts, kein Geheimnis da,
Nichts da klopft an.
Laß du uns leben!
Daß wir uns stärken an letzter Eitle,
Die gut trunken macht und dumpf!
Laß uns die gute Lüge,
die Heimat, wohlernährende!
Woher wir leben
Wir wissen nicht …
Doch reden wir hinüber herüber
Zufälliges und anderes Herz.
Wir wollen nicht die Arme sehn,
Die nachts aus schwarzem Flusse stehn.
Ist tiefer Wald um uns,
Glockenturm über Wipfeln?

Hinweg, hinweg.
Wir leben hin und her.
Reich du voll schwarzen Schlafes uns den Krug!
Laß du uns leben nur,
Und trinken laß uns, trinken!

Franz Werfel

EPILOG

ANTWORT EINES TRUNKNEN DICHTERS

Ein trunkner Dichter leerte
Sein Glas auf jeden Zug;
Ihn warnte sein Gefährte:
Hör' auf! du hast genug.

Bereit vom Stuhl zu sinken,
Sprach der: Du bist nicht klug;
Zu viel kann man wohl trinken,
Doch nie trinkt man genug.

Gotthold Ephraim Lessing

Register der Dichter und Gedichtanfänge

RAMLER, KARL WILHELM (1725–1798)
S. 127: Hier im Schatten … Der Gebrauch des Lebens

RÜCKERT, FRIEDRICH (1788–1866)
S. 118: Eine Neige Wein … Erotische Blumenlese
S. 122: Zünd, o Schenke, die Lampe mir an … aus: Vom Lichte des Weines

SACHS, HANS (1494–1576)
S. 18 f.: Nachdem die Süntflut … Viererley Eigenschaften des Weins

SCHILLER, FRIEDRICH (1759–1805)
S. 47 f.: Auf der Berge freien Höhen … aus: Punschlied

SCHUMACHER, HANS (1910–1993)
S. 105: Sei gut zu den Trinkern … Zugunsten der Trinker

THEOBALDY, JÜRGEN (*1944)
S. 84: Wein rinnt durch die Finger … Lied zum Wein

UHLAND, LUDWIG (1787–1862)
S. 38: Solche Düfte sind mein Leben … Wein und Brot

UNBEKANNT
14. JH.
S. 126: An des Kreuzes Ästen … aus: Von dem geistlichen Mai

15. JH.
S. 21: Wein, Gott grüße dich … Weingruß, V
S. 58: Nun grüßt dich Gott, du edeler Trank … Weingruß, I
S. 82: Nun grüß dich Gott, Du lieber Trunk … Weingruß, II
S. 123: Nun gesegne dich Gott … aus: Weinsegen, VII

CA 1535
S. 37: Nun grüß dich Gott mein edler most … Weinsegen

FINIS – WIN ÜS.